J.W ROCHESTER
ARANDI GOMES TEIXEIRA

a REENCARNAÇÃO de uma RAINHA

CorreioFraterno

Editora Espírita Correio Fraterno
Av. Humberto de Alencar Castelo Branco, 2955
CEP 09851-000 – São Bernardo do Campo – SP
Telefone: 11 4109-2939
correiofraterno@correiofraterno.com.br
www.correiofraterno.com.br

Vinculada ao LAR da CRIANÇA EMMANUEL *www.laremmanuel.org.br*

1ª edição – 2ª reimpressão – Junho de 2015
Do 5.001° ao 7.000° exemplar

Impresso no Brasil
Presita en Brazilo

COORDENAÇÃO EDITORIAL
Cristian Fernandes

PREPARAÇÃO DE TEXTO
Eliana Haddad e Izabel Vitusso

CAPA E PROJETO GRÁFICO DE MIOLO
André Stenico

CATALOGAÇÃO ELABORADA NA EDITORA

Rochester, J. W. (espírito)
A reencarnação de uma rainha / J. W. Rochester (espírito); psicografia de Arandi Gomes Teixeira. – 1ª ed., 2ª reimp. – São Bernardo do Campo, SP : Correio Fraterno, 2015.
264 p.

ISBN 978-85-98563-79-4

1. Romance mediúnico. 2. Espiritismo. 3. Reencarnação. 4. Florença. 5. Literatura brasileira. I. Teixeira, Arandi Gomes. II. Título.

CDD 133.93

Somente o progresso moral pode assegurar aos homens a felicidade na Terra, refreando as paixões más; somente esse progresso pode fazer que entre os homens reinem a concórdia, a paz, a fraternidade.

ALLAN KARDEC
A gênese – cap. 18, item 19

Sumário

PRÓLOGO

CARÍSSIMOS LEITORES!

Nesse tempo, no qual o nosso romance está ambientado, os múltiplos caracteres já estruturavam instintiva e corajosamente a fase brilhante do Renascimento, que viria para o resgate das artes e da cultura, do pensamento e da ciência, irremediavelmente com os excessos, decorrentes de tudo que é novo e ainda incompreendido e submetido aos embates das paixões humanas.

Vigilantes e leais a Deus e à vida, comprometidos com a Verdade, esses paladinos do verdadeiro progresso eram terreno fértil, no qual seriam plantadas as sementes do Bem e do Amor, que viajariam no carro do triunfo para instituir em nosso planeta uma nova era.

Numa luta desigual e sem trégua, eles se entrechocaram com aqueles que se apegavam ferrenhos aos falsos valores ou a valor moral algum, sofrendo-lhes, consequentemente, cruéis retaliações.

Um imenso teatro – por vezes dantesco, por vezes sublime – instalou-se em todos os departamentos de vida e o combate tornou-se avassalador e asselvajado.

Há muito, detentor do poder e de todas as prerrogativas possíveis e imagináveis, o clero tiraniza de forma cruel.

Ciosos dos seus postos de relevância, esses pseudolíderes montaram uma rede poderosa e ampla, tal qual serpente monstruosa, que ataca faminta e sedenta àqueles que, porventura, se atrevam a desafiá-la.

Diuturnamente, a vida naquele tempo se desenrolava em meio a atropelos de toda a sorte.

Mas eis que uma aurora já se anunciava numa mudança gradual e ampla, trazendo saudáveis esperanças e alegria para os corações que lutavam pela implantação da ordem e da vera justiça.

O poder vigente, contudo, impunha-se arrogante, arrebatando aquilo que desejava e fazendo o que lhe aprouvesse. Equivocados e obstinados no mal, enquanto se encharcavam em lágrimas e sangue alheios, criavam para si mesmos dores e sofrimentos inimagináveis, que se estenderiam por inúmeras expiações reencarnatórias.

Vale lembrar que, considerando a caminhada evolutiva de todos nós, espíritos imortais rumo à perfeição, quando arrependidos e após inúmeras lutas com provas e expiações, muitos de nós podemos ter alcançado patamares evolutivos bem mais altos e em menos tempo que outras almas que já se identificam com o bem, todavia demoram-se na indolência e no comodismo.

E qual de nós pode saber onde esteve e o que fez em tanto tempo de caminhada? Decorridos tantos séculos (isso já não importa mais), precisamos assumir os novos tempos, as novas ideias e ideais, consoantes à vontade do Criador.

Aonde quer que possamos ir e onde quer que já tenhamos vivido, deixamos os nossos rastros e os vestígios dos nossos passos e das nossas ações.

Aportamos, um dia, que já se perdeu na memória, neste pequenino mundo, beneficiados pela bondade dos prepostos do Senhor, que nos permitiram novas oportunidades para crescer e evoluir.

Em processo de aprendizado, como alunos que voltam aos bancos escolares, baldos de amor, seguimos os roteiros traçados para a desejável redenção que se desenrolaria ao longo dos tempos, mas à nossa maneira.

Recalcitrantes, agimos como queríamos e não como deveríamos, numa rebeldia sem limites.

Fazendo uso de nossa inteligência bem desenvolvida, e saudosos dos confortos aos quais estávamos habituados, fomos intensamente impulsionados ao desenvolvimento e à criação que nos garantisse a perpetuidade dos confortos e prazeres, enquanto batalhávamos para instituir a nossa maneira de ser e de viver, pelos quais, proscritos, muitos de nós fomos expurgados de outros mundos.

Pobres de nós! Quanto tempo perdido! Somente a dor nos faria parar e refletir.

Quando olhamos para trás, porém, constatamos envergonhados que depois de tanto tempo ainda somos lentos no bem e ansiosos para exercitarmos os nossos antigos vícios.

Hoje, mergulhados numa fase histórica, porque de transição de mundo de provas e expiações para mundo de regeneração, o mal se concentra em sintonias trevosas e apocalípticas.

Assim, a duras penas, colhemos sofridamente o resultado do nosso plantio desastrado de outrora.

Mais sensibilizados, hoje nos surpreendemos com as dores e as aflições que alcançam a quase todos e nos julgamos injustiçados. Ledo engano! A justiça do Criador é perfeita, embora não tenhamos as medidas para avaliá-la. Se sofremos, vale considerar que inúmeras vezes é a dor a corrigenda para o ajuste devido de nós mesmos com a nossa consciência, inseridos que estamos na grande lei de causa e efeito.

Que não percamos, porém, a fé e a esperança que devem sempre nos nortear, na certeza de que tempos melhores virão. Fatal é o progresso das criaturas e dos mundos, pois nada na Natureza permanece estacionário. O mal é passageiro, parte do processo de evolução.

Na hora certa, o carro do progresso chegará, a despeito de qualquer outra circunstância, e se instalará de vez, oficializando em nome da lei maior a Nova Era, com base no amor e na verdade!

J. W. ROCHESTER

Wladimir Vladeck

Norberto

Diógenes

Aristófanes

Panderva

Cirineu

Forbes

Pai e filho

Curvado sobre a sua secretária, Wladimir Vladosk se ressente sobremaneira:

"Que notícias seriam aquelas e por que não lhe chegaram antes aos ouvidos? O suserano estava a procurá-lo? Que lhe queria ele? Acaso seria alguém sem paradeiro e sem rumo?

Os boatos de uma nova sedição[1] correm pelas ruas de Florença e, de permeio, a ruína parece ameaçar a todos.

Uma nuvem escura e pesada paira no ar.

Sua casa estará livre dessa provável ameaça? Como saber?"

Agita-se tal qual um peixe fora d'água e quase perde a respiração. Opresso, aperta o peito com ambas as mãos. Recosta-se no espaldar da velha cadeira de madeira nobre, fecha os olhos e se interioriza ainda mais.

Parece que foi ontem... Chegou ali cheio de sonhos, mas sem recursos. Todavia, confiante e disposto a ocupar um lugar de destaque naquela majestosa cidade, que desde os verdes anos povoalhe os pensamentos, e na intenção de criar meios apropriados para elevar-se ao nível de gentil-homem, elaborou a sua rotina de vida.

Mas não pretendia enriquecer apenas. Suas aspirações iam

1 Crime contra a segurança do Estado. (N.E.)

muito mais além. Sua moral e seu intelecto, estimulados como sempre, prosseguiriam desenvolvendo-se como o cedro.

Daquele tempo, recorda as dores insuportáveis nas costas, nos braços ainda vigorosos, nos pés que se escaldavam em contato com o solo, nos calos das mãos, no alto da cabeça, por carregar fardos tão pesados. Seu corpo doía e requisitava um descanso nem sempre possível.

Sob os rigores do tempo, enfrentava tudo para alcançar o patamar almejado, além de obter os meios para uma sobrevivência digna. De um lugarejo partia para outro e mais outro, trabalhando e oferecendo-se para os mais diversos ofícios, enquanto negociava as mercadorias que carregava.

Aprendizado incomparável o do trabalho constante, do suor pelo pão de cada dia!

E tal qual um pano de fundo, os objetivos maiores. Inúmeras etapas a serem concluídas, sonhos intensos e grandes pretensões intelectuais. À custa de muito suor, dores, lágrimas, humilhações, carências e enfrentamento de múltiplos perigos, amealhando grande quantidade do vil metal, pôde enfim barganhar, negociar, competir...

Apesar da exaustão, jamais arrefecera o ânimo para ilustrar-se com o mesmo empenho e ansiedade, mergulhando tenazmente nas diversas ciências de todos os tempos e ampliando um saber já adquirido desde a infância.

Dominava uma profusão de conhecimentos. Sabia discorrer sobre os mais diversos temas relativos a quase todas as ciências.

Seus contemporâneos respeitam-lhe a inegável competência, o invejável patamar profissional e, por que não dizer, sua fortuna também.

Em todas as fases da vida conheceu gente de toda espécie e aprendeu a selecioná-las, conservando assim as melhores e descartando com cuidado aquelas que trilhavam caminhos tortuosos. A estas dirigia pensamentos de perdão e misericórdia. São filhos do Altíssimo em clima de aprendizado, ainda perdidos em si mesmos.

Por justiça, não deveria esquecer jamais que também estas, algumas vezes, por força das circunstâncias, lhe valeram em momentos decisivos. Ninguém é totalmente bom nem totalmente mau.

Esforçou-se para não fazer inimigos, mas os tinha. Alguns lhe eram adversos gratuitamente; outros, por razões jamais declinadas. A estes não adiantariam explicações ou tentativas de entendimento, pois revelavam em suas mentes tardias tão somente o interesse pelo sentido literal da existência física.

Assim absorto, Wladimir, que há pouco escrevera mais uma das suas teses metafísicas, sequer notou a aproximação de seu filho, Norberto, que reverente, do lado de fora, observava-lhe a profunda interiorização.

O filho admira-o no seu estoicismo, diante de tantos desafios e desafetos.

Homem probo e determinado, Wladimir segue sempre os parâmetros do bem e do amor, em qualquer tempo ou lugar.

Por mercê de Deus, seu pai e ele têm sobrevivido a muitos perigos.

Sua mãezinha partira muito cedo! Pobre querida... Mãe valorosa e esposa admirável...

Esta recordação ainda lhe traz uma dor quase física e seus olhos se enchem de lágrimas. Apesar do tempo já decorrido, ainda carrega em sua memória a triste despedida.

Junto ao pai, enfrenta as vicissitudes de cada dia, mas sua alma sofre e se debate numa grande insegurança. São tão ligados que, mesmo à distância, parecem comunicar-se misteriosamente.

Norberto afasta-se devagar e em silêncio, deixando-o entregue às suas reflexões.

Pede ao Alto por ele. Só o Criador pode lhe conceder tudo o que precisa e merece. Sorrindo levemente, ele imagina o quanto Deus deve amar ao seu pai.

Ensimesmado, segue pelos corredores:

"Quantas vezes já sobrevivemos? Algumas de forma extraordinária: por força política, moral ou financeira de algum amigo que, surgindo providencialmente, tirara-nos das enrascadas que o mundo sabe armar tão bem para roubar-nos a valiosa chance de viver e de crescer..."

Caminha algum tempo por um peristilo no mesmo estado de espírito. Ao centro, um exuberante jardim.

Decide aproveitar a beleza das flores, o frescor e a leveza do verde, o cheiro de terra molhada e os benefícios do ar balsâmico. Desce alguns degraus de pedra e dirige-se a um confortável banco.

Senta-se e os seus trajes de veludo, num tom de azul profundo, espalham-se sobre o assento. Sua boina do mesmo tecido e cor cai-lhe elegantemente sobre a ampla e nobre testa.

Suas mãos grandes e de dedos afilados, brancas e finas (apesar de sua habitual disposição para qualquer tipo de trabalho) seguram nervosas as bordas da sua bela e rica capa.

De alma inquieta, anseia proteger seu pai e sentir-se também mais seguro. A cada passo, os perigos e a urgência de uma vigilância constante.

*

A PERSEGUIÇÃO CONTUMAZ assombra a vida na comunidade. Indivíduos rudes e assalariados praticam atos criminosos a serviço de determinadas instituições tão culpadas quanto eles. Para ser-lhes vítima basta possuir algo que lhes interesse (que nem mesmo seja de muito valor, uma vez que o vício desgraçadamente se transforma numa compulsão) ou interferir nos interesses de algum poderoso e habituado a manter-se no topo da escala social.

Quase sempre acobertados por personalidades proeminentes, esses carrascos agem livremente, até que, caindo em desgraça, passam a incomodar aqueles aos quais há pouco serviam e de carrascos rapidamente passam a sofrer os mesmos revezes que impingiram a tantos outros.

*

JÁ ESCAPARAM DE várias emboscadas. De algumas saíram feridos; em outras precisaram reagir para sobreviver.

Há um patente cansaço em sua alma ainda tão jovem que se traduz num longo e profundo suspiro.

Na mesma intenção de refazimento, seu pai dirige-se para lá e surpreendendo-o, senta-se ao seu lado, fazendo-o despertar do seu enlevo.

– Por que está tão reflexivo?

Sorrindo, Norberto responde-lhe afetuoso:

– Parece-me que hoje estamos ambos mergulhados em enigmas de difícil solução.

– Concluo que me observou há pouco... Por que não se revelou?

– Respeitei-lhe a interiorização. Fiquei à porta, silencioso, e em seguida vim para cá.

– Diga-me, se puder, por que esse ar tão sombrio?

– Alguns assuntos me incomodam demais... E o senhor, meu pai?

– Estou apreensivo e motivos não me faltam! Minha alma encontra-se assaz inquieta, filho...

– Prevê perigos maiores do que aqueles com os quais já estamos quase acostumados? Sei dos rumores e também me encontro em suspense!

– Você não poderia ignorá-los, certamente, pois assim como eu movimenta-se diariamente nas suas funções públicas. Nestes últimos dias, somos mais observados que antes... Prevejo tempestades... Não que tenhamos algo a esconder, mas conhecemos as artimanhas dos nossos inimigos...

– Descanse! Mais uma vez nós conseguiremos superar os desafios, meu pai!

Wladimir abraça-o pelos ombros, enquanto conclui paternalmente:

– Tem razão! Deus há de nos preservar e nos sustentar para a realização das nossas mais caras aspirações!

Norberto aperta-lhe a mão depositada sobre o seu ombro, acorde com aquilo que ouviu, e silencia.

Wladimir respira profundamente beneficiando-se do perfume agradável das flores e interioriza-se igualmente.

Ignorando o teor dos pensamentos um do outro, eles recordam um acontecimento traumático e quase fatal que os marcou para sempre:

Juntos atravessavam uma praça da cidade, no centro de belo casario, muito movimentada àquela hora.

Seguiam apressados em busca de seus interesses, quando uma malta de soldados que ali se divertia grosseiramente à custa dos passantes, vendo-os, trocaram olhares...

Naquele tempo, Wladimir não chegara aos quarenta anos e Norberto beirava os dez de idade.

Cuidadosos, eles apertaram o passo e já se aproximavam de uma esquina, quando um deles, mais afoito, decidiu persegui-los.

Olharam-se silenciosos e muito aflitos entendendo-se. Precisavam ser corajosos e muito prudentes. Aquele contratempo, tão inesperado, poderia ser-lhes fatal.

Os seus corações batiam fortes e descontrolados como corcéis em disparada e sem freios.

Wladimir ainda recorda, numa mágoa profunda e jamais esquecida, o olhar do filho rogando-lhe socorro e proteção.

Sorriu-lhe, encorajando-o, todavia, um frio glacial percorreu-lhe a espinha dorsal. Temia, principalmente por ele, ainda tão pequeno e tão indefeso... Conhecia as ações desequilibradas de pessoas cruéis e aqueles soldados, além das suas aparências extremamente rudes, revelavam nos seus rostos congestionados o uso imoderado do álcool; uns mais, outros menos.

Apertou a mão do filho transmitindo-lhe confiança, enquanto buscava forças dentro de si mesmo. Aquela realidade, porém, excedia qualquer esperança de socorro e salvação, mas continuou a sorrir-lhe, pedindo-lhe sem palavras que se mantivesse calmo.

Norberto correspondia esforçado à expectativa paterna. Apressaram os passos e já estavam quase a correr, quando aquele que os perseguia alcançou-os.

Os demais acorreram e em poucos instantes, pai e filho sentiram mãos rudes e ávidas a segurá-los pelas roupas, quase a suspendê-los do chão.

Wladimir dirigiu-se àquele que dava as ordens e em palavras simples e objetivas explicou-lhe quem era, onde morava e para onde se dirigia.

Mas, como um touro que investe cegamente contra o seu oponente, ele só enxergou aquilo com que poderia lucrar, roubando-lhes os pertences e a chance de divertir-se às suas custas. Num outro estado, talvez, agisse de outra maneira, mas o álcool toldava-lhe a capacidade de raciocínio.

Ordenou aos gritos que lhes arrancassem as vestes – ricas, elegantes e limpas –, que muito lhe interessavam. Vaidoso, ele já se imagina, bem vestido e muito elegante para a conquista que ora empreendia:

"Se Aristófanes pudesse adivinhar com quem eu tenho passado as noites! Ah!... E como é fogosa aquela bela grega! Nos meus braços, ela encontra mais amor e mais paixão!... Vou tomá-la para mim, de vez! Ele que fique com a sua Igreja, a qual parece amar mais que tudo na vida!..."

Ensimesmado, ele se distancia da realidade que o cerca e, enquanto isso, praticamente nus, envergonhados e humilhados, pai e filho se transformaram num motivo para piadas e deboches.

Seguindo os 'trâmites da lei', os esbirros[2] requisitaram vestes mais adequadas para eles, condizentes com as suas condições de condenados(!).

Encolhidos a um canto, pai e filho viram quando alguns deles chegaram sobraçando os famigerados e conhecidos sambenitos,[3] o que denunciava, por si só, suas torpes intenções.

Um horror superlativo apoderou-se dos dois. Estariam se despedindo um do outro e para sempre?!

Norberto fitava seu pai perplexo, em choque que, sem arrefecer o ânimo, pediu-lhe:

– Tenha coragem, meu filho, isso há de passar... Pense fortemente em Deus e rogue por nós na sua inocência de criança. Ele há de nos valer, não duvide. Se eu amo tanto você, imagine o quanto Ele ama os seus filhos!

Mais não conseguiu dizer, porque os soldados já lhes vestiam, aos arrancos, os sebosos e abomináveis sambenitos.

---

2 Oficiais de justiça de baixo nível. (N.E.)

3 Vestimenta encapuzada que os condenados eram forçados a usar como forma de punição e difamação pública. (N.E.)

Satisfeitos, por fim, aqueles carrascos em potencial gargalhavam diante dos dois, paramentados com aquelas roupas escuras e grosseiras, pés descalços, cordões amarrados nas cinturas.

Aquele que iniciara a perseguição, confiante por tê-los nas mãos, entediado, decidiu continuar bebendo, enquanto pensava o que fazer para extrair da oportunidade mais diversão.

Sentou-se no chão e foi entornando a bebida pelo gargalo.

O tempo escoava tétrico para pai e filho. Silenciosos, eles olhavam ao redor, na esperança de algo que pudesse lhes valer.

O 'comandante' bebia e estalava a língua de prazer, e quanto mais bebia mais sedento ficava.

Ao redor, seus comandados arranjavam-se como podiam, acomodando-se aqui e ali e em meio a muita indisciplina, enquanto aguardavam as ordens que certamente viriam.

Depois de um tempo que a pai e filho pareceu infindável, Diógenes (este o nome do líder) levantou-se com muito esforço, respirou fundo e olhou ao redor.

Num sorriso debochado, fixou o olhar já algo anuviado sobre os dois e decidiu que era tempo de prosseguir com suas criminosas intenções.

Baqueando, ele caminhava e sacudia a cabeça, aceitava ou rejeitava pensamentos, parecendo 'dialogar' com invisíveis parceiros.

Enfim, após essa confabulação irracional, feita de marchas e contramarchas, declarou:

– Desafiaremos estes dois patifes para uma prova muito difícil! Sim, esta é uma ótima ideia!...

Com riso escarninho, completou jocoso:

– Caso cumpram as nossas ordens, nós seremos generosos, ora se não! Saindo-se a contento, irão embora, mas sem roupas!... Será assaz hilariante vê-los a correr pelas ruas do jeito que vieram ao mundo. – Diante das imagens que vão se formando em sua mente doentia, explode em sonoras gargalhadas.

O seu real desejo, porém, era estender o tempo de diversão junto aos seus soldados; homens fracos e pusilânimes, assim como ele, pois, de antemão, a sorte dos dois já estava selada.

Dirige-se aos outros e anuncia com muita empáfia:

– Muito bem! Vamos começar!

– Sim! Que venha logo essa prova! – Os seus subordinados responderam em uníssono.

– Saibam todos que será um grande desafio! Daqueles impossíveis de vencer! Afinal, não queremos que eles escapem, queremos?

– Não! Não queremos!...

– Pois bem, o caso é o seguinte: os dois deverão chegar do outro lado da praça no tempo previsto por nós!... Se conseguirem, eles ficarão livres! Palavra de rei!

Diante da própria expressão, Diógenes desaba numa risada incontrolável.

Enquanto isso, os outros se entreolham, entendendo-se. Afinal, qualquer um venceria facilmente o trajeto entre um lado e o outro da rua!...

Imprudente, um deles se atreve:

– Com todos os demônios, senhor, isso é muito fácil!

Voltando-se para ele em fúria, o que faz os outros recuarem, Diógenes ordena:

– Espere eu completar o meu pensamento, seu estúpido! Quer entrar na dança também? Hum... Seria bem mais divertido! Vocês três suando, lado a lado, para vencer a prova! Ao final, você também receberia os louros ou o castigo! Quer tentar?

– Não, meu senhor, por misericórdia! – implora o homem, ajoelhando-se no meio da rua...

Derramando sobre o seu subordinado um olhar ameaçador, Diógenes se mantém em silêncio, enquanto estuda as reações dos seus comandados. Gosta do impacto que causa quando age assim. Delicia-se ao observar-lhes o medo e o 'respeito' que lhe devotam.

Não responde, apenas dirige ao suplicante um olhar que o faz gelar e arrastar-se em silêncio, até um ângulo da rua para encolher-se ali, tal qual um réptil. Ele conhece de sobejo a crueldade de Diógenes.

Prosseguindo, o 'chefe' amplia a sua ideia:

– Eles poderão atravessar a rua na direção do outro extremo, mas...

Não consegue completar o pensamento porque dá início a novas e ruidosas gargalhadas que se desdobram numa fieira de muitas outras, num incontrolável ataque de riso.

Cada vez que tenta falar para dar-lhes as devidas explicações, as risadas o assaltam estrondosamente.

Por fim, respira fundo e se explica:

– Para atravessar a rua, eles darão um passo para frente, mas ao mesmo tempo... –cala-se e observa o efeito das suas palavras, entre novos acessos de riso, segura o ventre avantajado para se conter e completa: – Eles darão, em seguida, dois passos para trás!... E assim será: para frente e para trás, para frente e para trás, sem cessar! Nós, naturalmente, estaremos contando o tempo previsto e a cada tentativa de nos enganar, pancadas neles!...

Os outros esbirros, tão maus quanto ele, explodem igualmente em risadas estridentes.

Cada vez mais entusiasmado, Diógenes dá continuidade às suas expansões de alegria incontida, asseverando:

– Sempre que eles precisarem, nós daremos uma 'forcinha', não é?

– Sim! – responderam todos.

– E que não tentem nos enganar! – outra voz se alteia, incentivando cada vez mais o 'comandante' daquele grupo de patentes desordeiros.

– E nem se atrevam a fugir, pois nós sabemos por que eles estão sendo penalizados, não sabemos? – ladino e traiçoeiro, Diógenes corre o olhar fitando-os significativamente, no aguardo de uma resposta satisfatória.

Entreolhando-se temeroso, o grupo faz eco às suas declarações e num pequeno burburinho, indagam-se mutuamente:

– Ora, ora, certamente sabemos, não é?

Voltando à carga, aquele que fora ameaçado decide aproveitar a oportunidade para corrigir a imprudência de minutos atrás e ao mesmo tempo devolver, ladino, o desafio ao próprio Diógenes:

– O nosso admirável comandante já deve ter elaborado em sua mente poderosa a devida acusação e a justa sentença, não é verdade?! O que seria de todos nós sem a sua inegável sabedoria e competência?!

Apanhado na própria armadilha, Diógenes se cala. Coça a sebosa cabeça, respira ruidoso, e os minutos que geravam enorme expectativa em seus subordinados afetavam muito mais Wladimir e Norberto, que num crescente horror temiam as próximas insanidades daquele homem perverso, embriagado e completamente fora de controle.

Enfim, estufando o peito, enfático, Diógenes decidiu:

– Sim! É isso! Eles são dois hereges! Nós somos testemunhas de que ao passarem por aqui faziam gestos estranhos e sussurravam as suas demoníacas evocações!

Os soldados concordam prontamente com aquelas afirmações, embora cada qual saiba que o chefe está apenas criando falso libelo de justiça para justificar a sua contumaz crueldade que se alimenta da dor alheia.

Pai e filho se entreolham. De onde ele havia extraído tal ideia?!

– Não desanime, meu filho – Wladimir sussurra ao ouvido de Norberto. – Continue rezando. Se for da vontade divina, sairemos ilesos...

Ao redor, a algaravia se intensificava cada vez mais:

– Hereges! Bruxos!

– Oh, corja maldita! Praga dos infernos! – alguns exprobravam cuspindo no chão. – Quanto mais os matamos, mais eles se reproduzem!

Motivados e movidos pela brutalidade, alguns avançaram para os dois e começaram a agredi-los.

Wladimir cobre o filho com seu corpo, mas impiedosa, a pequena turba alcança-os por todos os flancos.

Abraçados fortemente, eles reagem como podem.

Norberto chora. Desconsolado e em pânico, aperta-se contra o pai.

Nunca, em toda existência, Wladimir sofrera tanto. O seu coração sangra...

Após alguns minutos de prazer na observação do triste espetáculo, Diógenes ordena:

– Bem, vamos começar! Vocês dois aí! – ele aponta o dedo em direção de pai e filho. – Deem um passo à frente e em seguida dois passos para trás, sem descanso, até atingirem o outro lado da praça!

Diante da própria 'sentença', sorri realizado:

– Se vocês diminuírem o ritmo ou tentarem nos enganar, serão executados aqui mesmo!

Ecos impiedosos se harmonizavam com as suas falas:

– E que não tentem nos enganar!

Aqueles que chegavam atraídos pelo 'espetáculo' eram logo informados sobre a culpa dos dois e da prova à qual eles estavam sendo submetidos.

Paradoxalmente, clamando aos céus e misturando blasfêmias, eles exigem a condenação e a execução dos dois.

Sem saída, silenciosos e apavorados, pai e filho passam a executar as ordens recebidas. Em passos ágeis, eles tentam alcançar a meta que lhes foi proposta, sem, contudo, lograr o intento, pois naquela conta impossível jamais alcançariam o outro lado da praça.

Wladimir sabia que ele e o filho estavam apenas servindo a uma cruel diversão.

Entre os curiosos, raros observavam, penalizados, a fragilidade gritante de pai e filho e a arbitrariedade daquele grupo ali instalado.

A maioria, invigilante e insensível, se contagia com os mesmos sentimentos, engrossando as fileiras daqueles que acusam e condenam, enquanto disfarçam infelizes suas próprias misérias morais.

O que esperam?! Emoções fortes que os arranquem da vida tenebrosa na qual vivem mergulhados. Vingam-se nos outros das suas próprias mazelas, sem conseguirem esquecer, porém, que estão afeitos às mesmas injustiças.

*

Ainda estamos, meus caríssimos leitores, próximos dos sentimentos e das emoções que dominavam nos circos romanos, ante os sacrifícios dos cristãos.

Triste recordar a turba ululante (e quantos de nós entre eles?)

que exigia mais e mais diversão nos mesmos moldes e características, ainda que suas almas estivessem sangrando de dor pelas próprias misérias...

*

APÓS ALGUM TEMPO, exaustos, arranhados e com dores por todo corpo devido às pancadas recebidas, Wladimir e Norberto entreolham-se profundamente abatidos, quase se despedindo...

Nesse ínterim, Diógenes decidira beber mais. A partir de então, os acontecimentos se desenrolariam naturalmente e os seus subordinados saberiam levar a termo aquilo que faltasse. A isso já estavam acostumados.

Muito embriagado, enfim, ele acabou por dormir: corpo largado, boca aberta, baba a rolar nas pedras da rua.

Livres para agir, os soldados aproveitariam melhor todo aquele divertimento.

Quando Diógenes despertar da carraspana, eles terão explicações convenientes e convincentes a respeito da conclusão do caso.

Ainda que analisasse ponderadamente situação instalada, Wladimir não conseguia mais avaliar como prosseguiria e seria concluída aquela perigosa situação. Os prognósticos eram os piores possíveis.

Elevou mais uma vez o seu olhar aos céus, fitando a luz do dia e as nuvens brancas a se esgarçarem leves e livres... Com o coração em prantos, concluía acertadamente que Norberto não aguentaria por muito mais tempo.

Um suor abundante lhe escorria dentro daquelas vestes grosseiras e desconfortáveis.

Numa tristeza insuportável, fita seu filho sem saber o que fazer, observando sua visível fraqueza.

Seu formoso rosto, vermelho e inchado pelas bofetadas recebidas, estava encharcado de lágrimas e sujo de tudo que lhes atiravam impiedosos.

O seu negro olhar, habitualmente pleno de brilho, embaçavase, revelando um patente desespero e a falência das forças físicas.

Sua cabecinha, sempre altiva e digna, curvava-se para o chão, sem forças.

Nas tentativas para sustentá-lo, Wladimir recebia empurrões violentos e ouvia palavras de ordem para prosseguir no mesmo ritmo.

As gargalhadas da soldadesca espocam e os ditos jocosos revelam-lhes a ansiedade para a consumação daquilo que selvagemente prelibam.

Enfim, enquanto grossas lágrimas lavam o seu rosto igualmente ferido e emporcalhado, Wladimir grita em silêncio em direção dos céus.

E eis que algo inesperado se sucede:

Numa das esquinas surge ruidosamente uma corporação militar com muita pompa e conduzida por alguém que, sem dúvida, estava acima de tudo que se passava ali ou em qualquer outro lugar daquela florescente cidade.

O líder, enfeitado como um pavão e altivo como um carvalho, ensaiou seguir adiante. Para aquele momento, tinha outros interesses e muita pressa. No entanto, observou rapidamente aqueles dois, vestidos nas roupas dos condenados, marchando para frente e para trás, completamente exauridos.

Concluindo que a ordem teria que ser mantida a qualquer custo, decidiu-se por ir, pensando:

"Devem ser dois pobres diabos que se insurgiram contra a autoridade pública ou foram surpreendidos em falta grave!"

Enfastiado com o espetáculo, ordenou a retirada.

Ao se aproximar um pouco mais, porém, um dos seus subordinados estancou e apontando para algo, chamou-lhe a atenção:

– Veja, meu senhor Aristófanes! Ali!... Não é o Diógenes que está a dormir embriagado e caído como um porco abatido sobre a calçada? Nesse momento deve estar se refestelando com os seus iguais, os demônios!

Parando, igualmente, Aristófanes fita o corpo inerte e caído e reconhece:

– Ah, velhaco! Nós temos contas a ajustar, ora se temos! – ele cicia, enquanto observa raivoso seu desafeto fora de ação e completamente indefeso. Fulminando-o com o olhar, cospe de lado.

Segue em sua direção e a pequena multidão se afasta, por ser figura amplamente conhecida e temida.

Aristófanes se dirige aos soldados que ali estão à frente da situação e requisita em altos brados explicações urgentes.

Um deles, pálido e a tremer, explica-se:

– Caríssimo e digno senhor! No cumprimento do nosso dever, estamos penalizando estes dois hereges, como manda a lei!

– E quem é o seu superior, soldado?

Timidamente, ele aponta para Diógenes caído sobre si mesmo.

– Compareçam à unidade militar a qual vocês pertencem e fiquem à disposição, pois apurarei responsabilidades!

Abandonando tudo e em exageradas reverências, quase a correr e atropelando-se uns aos outros, eles organizam uma retirada estratégica, desaparecendo nas ruas adjacentes, uns após outros.

Aristófanes volta-se para Diógenes e intencionalmente incita o animal a aproximar-se mais. Os cascos dos cavalos fazem um barulho surdo sobre as pedras do calçamento.

Ele chega bem perto de Diógenes, quase a pisoteá-lo. Nos seus lábios um estranho sorriso...

O público, em suspense, aguarda. Em algumas expressões, a expectativa de ver Diógenes esmagado e a estrebuchar ali mesmo.

A vontade de Aristófanes também não é outra. Controla-se, contudo, e refreia os próprios impulsos. Precisa dele vivo para cobrar-lhe responsabilidades e resolver uma antiga pendenga muito particular.

Tira sua espada da bainha, inclina-se e acerta-lhe uma pancada com violência.

Estremunhando, Diógenes tenta levantar-se, mas não consegue. As pernas não lhe obedecem. Desaba de novo, enquanto se esforça para identificar de onde lhe veio o golpe, mas os seus olhos avermelhados giram nas órbitas, sem direção. Em poucos instantes, adormece novamente, ali, estirado ao chão.

Aristófanes grita furioso:

– Ponham este traste no lombo do cavalo e levem-no! Quando ele despertar da carraspana, avisem-me!

Em seguida, apontando para o populacho, ordena:

– Dispersem-nos! Que sejam escorraçados! Corja de inúteis! Abutres! Sempre à procura de carniça! Fora! Fora!

Espaços mais livres, ele se aproxima displicente dos 'condenados' e analisa-os em silêncio.

Impulsionando a sua montaria, chega mais perto dos dois, e muito surpreso exclama:

– Ora, ora! Se não é o sábio e poderoso Wladimir Vladosk e seu filho Norberto?!

Wladimir abstém-se de se pronunciar. Já o reconhecera, mas duvida das consequências que poderiam advir, caso ele os reconhecesse. Talvez tenham escapado de um perigo para cair noutro maior...

Aristófanes engloba em suas mãos ávidas e criminosas um inegável poder de decisão sobre a vida ou a morte de quem quer que seja. Membro declarado do Tribunal do Santo Ofício, age sustentado e acobertado por autoridades que estão 'acima do bem e do mal', nos mais variados departamentos do Estado.

– O que faz aqui, homem? – ele indaga diretamente a Wladimir. – Perdeu a língua por acaso? Olhe que se esta lhe faltasse, nos pouparia de muitos constrangimentos e insônias! Mas tudo tem o seu tempo!

Wladimir sente um arrepio percorrer-lhe a espinha dorsal.

Cauteloso, mede as palavras:

– Senhor, nós passávamos por aqui, quando os soldados nos detiveram, desconfiados não sabemos de quê! Indefesos, nada pudemos fazer, pois nada nos perguntaram, apenas agiram com violência! Confiantes nos poderes celestiais, que certamente nos livrariam do pior, se essa fosse a vontade suprema de Deus, apenas obedecíamos!

Aristófanes cofia a bem tratada barba, enquanto pensa.

Odeia aquele homem por tudo que ele representa, mas caso tente acusá-lo ou penalizá-lo, no que quer que seja, estará desafiando perigosamente algumas personalidades proeminentes de Florença, e para o momento tem outros assuntos mais importantes e mais urgentes.

Do alto de sua autoridade e poder, tem consciência de que

Wladimir cuida de ser muito cauteloso, temendo-lhe as reações. Conhece-lhe de longa data a sabedoria, o seu poder de oratória e de persuasão. Este, que nesse momento defronta-se com uma realidade brutal, é uma das inteligências mais poderosas e respeitadas de Florença.

Usando suas prerrogativas, declara arrogante e enfático:

– Bem sabe o quanto me desagrada a sua presença e a sua habitual empáfia! Contudo, nada vejo aqui que possa incriminar um homem como o senhor! Conheço-lhe a fé, a conduta e o caráter! Não veja nisso um elogio, mas apenas uma constatação, daquelas que a inteligência se nos impõe! Em verdade, não somos simpáticos um ao outro, mas aqui e agora eu posso decidir-lhe a vida ou a morte! Sei que não desconhece o meu poder!

Intimamente, apesar da gravidade do momento, Wladimir não consegue evitar um claro e justo pensamento:

"Somente Deus pode decidir, de fato, a vida ou a morte de quem quer que seja, inclusive a sua, homem fraco e invigilante!..."

Ante o silêncio cauteloso de Wladimir e adivinhando-lhe as elucubrações inteligentes, Aristófanes ordena impositivo:

– Passe ao largo e vá-se embora! Agradeça a sorte que permitiu fosse eu o juiz da sua causa e não outro! Do contrário, os céus que tanto aprecia teriam a honra de recepcioná-lo mais cedo!

Sem nada discutir, Wladimir aguarda respeitoso, enquanto faz uma pequena reverência.

Assuntos resolvidos, Aristófanes puxa as rédeas da sua montaria ricamente ajaezada, torcendo-as para o lado que lhe interessa e ensaia sair, quando ouve a voz agradável e educada de Wladimir:

– Agradeço-lhe em nome dos céus! Por mim e por meu filho!

Fitando-os, indiferente, ele aperta as esporas, fazendo o cavalo empinar-se perigosamente antes de disparar. Aristófanes aprecia os efeitos retumbantes que causa por onde passa.

Em poucos instantes, ele desaparece junto à sua comitiva.

E, enquanto ele se distancia, levando consigo o corpo adormecido daquele que deu azo àqueles tristes acontecimentos e que mesmo sem querer permitiu que tudo se resolvesse, enfim, livrando-os de uma morte certa, Wladimir e Norberto atiram-se um nos braços do outro e explodem em lágrimas...

Trêmulos e muito abatidos, ajoelham-se nas pedras da rua e elevam a Deus uma silenciosa prece de gratidão. Jamais esqueceriam aquele dia terrível!...

Depois desta tenebrosa experiência, pai e filho, traumatizados, levaram algum tempo para se refazer e retomar as suas vidas..."

Quase ao mesmo tempo, os dois 'regressam' das tristes reminiscências.

Ainda sob dolorosas impressões, Wladimir indaga:

– Estávamos ambos mergulhados nas mesmas recordações, filho?

– É o que parece...

– Aprendemos muito ali e em poucas horas! Certamente, precisávamos daquela lição. Se assim não fosse...

– Felizmente não era, ainda, a nossa hora de deixar este mundo!

– Naquele dia quase fatídico, apesar dos tristes prognósticos, nós sobrevivemos! Você era tão pequeno, meu filho, e eu tinha tantos planos!

– Essas recordações vêm ao encontro do que sentimos nestes últimos dias! O que pretende fazer, a respeito das diatribes daqueles que tudo fazem para nos perder? Navegamos diuturnamente num mar tenebroso e traiçoeiro! E ai daqueles que desafiam as leis criadas e mantidas por um poder duvidoso, desumano e profundamente arbitrário! Diante destes poderosos nós somos sempre *personas non gratas*, portanto, de futuro incerto. Eles sequer disfarçam a ânsia incontida de se lançarem sobre nós!

Norberto respira fundo, faz uma pausa e prossegue:

– A muito custo, consigo dominar-me para não reagir às suas constantes ofensas, desafios e armadilhas! Sinto ganas de desmascará-los! Todavia, sei que daria azo a que eles nos atirassem na prisão e nas suas abomináveis torturas, para depois levar-nos ao cadafalso ou às crepitantes fogueiras; ou ainda às duas práticas, concomitantemente!...

Wladimir suspira e anui:

– Conhecemos muito bem o chão que pisamos... De pés e mãos atados, nos surpreendemos ante um monstro gigantesco e de goela aberta, pronto para tragar aqueles que ousam desafiá-los. Estes homens, se assim ainda podemos defini-los, abortam as tentativas de progresso na face deste planeta, principalmente hoje, em Florença e cidades similares, que são grandes viveiros de saber e de potencial imensurável para o futuro!

Alterado, Norberto questiona:

– De quanto tempo mais precisaremos nesta entrega compulsória e obsessiva de vidas ao deus Moloc até instalar de fato e de direito a verdade?!

Agitando-se, ele expõe a sua justa indignação.

Como pai e companheiro de profissão, de lutas e de ideal, Wladimir admira-o orgulhoso. Todavia, teme perdê-lo...

Este filho carrega a força da coragem e da paixão no sangue e na alma. Norberto reflete a aura luminosa dos grandes homens, vexilários do bem e da verdade em todas as épocas e que laboram, sempre e acima de quaisquer circunstâncias, para instalar a verdadeira justiça no mundo.

Wladimir leva mais uma vez e num único dia ambas as mãos ao peito opresso...

Acalmando-se, Norberto observa-lhe a emoção. Abraça-o respeitoso e repleto de amor, enquanto afável desculpa-se:

– Perdoe-me, meu pai! Tudo há de correr bem!

– Por certo, filho, por certo! Fortalecidos naqueles que junto a nós engrossam estas fileiras, nós prosseguiremos!

Norberto concorda com uma inclinação de cabeça.

Sorrindo, Wladimir indaga para desanuviar:

– Estou enganado ou você está amando?

Norberto delicia-se com a capacidade admirável que seu pai tem para ler em sua alma como num livro aberto.

Enigmático, admira uma linda e pequenina ave que voa ao redor.

– E então? – o pai insiste.

Rindo igualmente ele retruca:

– E qual é a novidade?

– Falo de um sentimento mais profundo, meu filho! Este que põe nos seus olhos o brilho das estrelas!

Com efeito, Wladimir conhece o filho.

Fitando seu pai com ternura, ele responde comovido:

– Não confirmo nem nego, por enquanto! Aguarde e verá!...

Batendo levemente em seu ombro e despedindo-se, Wladimir se vai, deixando-o entregue aos seus devaneios de filósofo e sonhador que é, sem deixar de ser ao mesmo tempo muito racional e prático.

Wladimir ama esse filho com veras d'alma e fará qualquer coisa por ele. Educou-o na submissão fervorosa aos poderes celestiais. Tarefa fácil, pois Norberto já carregava no âmago de sua alma luminosa, ao nascer, as verdades eternas, surpreendentemente despojadas das contradições e dos prejuízos do mundo.

Sem extremismos, Norberto é um homem de muita fé.

Recorda-lhe a mãe, sua amada Isolda, piedosa e boa, que faria qualquer homem feliz. Contudo, ela revelava desde sempre não pertencer ao mundo. Luminosa, passou como um cometa benfazejo e lhe trouxe o filho – um raro presente dos céus.

Jamais a esqueceu e jamais a substituiu, nem no coração nem em sua vida.

Esse jeito de viver e de ser, porém, às vezes, lhe traz uma profunda solidão.

Não fosse a companhia do filho e as alegrias espontâneas da alma...

Apaixonado pela vida, ama tudo de bom que ela oferece. As coisas mais simples despertam-lhe um grande encantamento. Reverencia, humilde e consciente, a Natureza. Quanto maior o seu mergulho nas ciências, mais e mais se extasia diante das leis que a tudo rege e comanda numa admirável perfeição.

Wladimir só descansa quando o corpo exausto o obriga. Há muito por fazer e o tempo é exíguo.

Numa vigilância cansativa, há que estar atento a tudo e a todos para sobreviver com dignidade e em relativa segurança; cuidar dos aspectos da matéria e dos referentes ao espírito; recordar o passado e as boas lições que ele ensinou, enquanto zela pelo presente e constrói o futuro, não apenas para si, mas para o mundo como um todo, visando a realização de suas aspirações humanas, como cidadão em um mundo em vias de aperfeiçoamento intelectual e moral.

PANDERVA

ENVOLVIDA EM TRAPOS, apavorada, uma jovem mulher, quase menina, corre desabaladamente pelas ruas da cidade. Em seus olhos, uma expressão de pavor. Voltando-se, vez por outra, para confirmar a presença de um pretenso perseguidor, ela corta caminhos por vielas, pontes, atravessa córregos, sobe e desce ladeiras.

Suando em bicas, foge sem descanso.

Quem é ela? De onde veio? De que ou de quem ela foge tão desesperada?

Os desgraçados, aqueles que vivem ao Deus-dará, conhecem-na.

Seu nome é Panderva.

Sem paradeiro, ela perambula pelas ruas de Florença.

Mas, afinal, quem a persegue? De quem Panderva tem tanto medo?

Olhando ao redor nada vemos e por mais nos esforcemos, tudo continua igual.

De quem esta mortal de beleza exuberante, ainda que afeita a carências de toda sorte e vestida em trapos que mal lhe cobrem o corpo, foge tão aflita?...

Seus inimigos, nesse momento, ocultos para nós, podem ser de carne e osso e tão perigosos quanto quando alguém acerca-se dela para se divertir à sua custa, ou algum homem violento a ataca na torpe intenção criminosa de dominá-la.

Após alguns quartos de hora, esgotada, ela se esconde numa viela escura.

Exausta, encolhe-se, geme e balbucia preces, enquanto vigia ao redor, olhos esgazeados.

Estremece a qualquer ruído, seja do vento, seja de algum outro infeliz, tão perdido quanto ela ou ainda de animais que por ali vagam à cata de algo que lhes mitigue a fome antiga e avassaladora.

Neste lugar, de péssima aparência e má reputação, bem poucos se aventuram, a não ser os deserdados da sorte que ali se aglomeram e dividem a miséria reinante.

Aos poucos, Panderva solta molemente o corpo no chão, acomoda-se melhor e fecha os olhos. Uma sonolência benfazeja a envolve docemente.

Um cãozinho esquelético que parece conhecê-la se aproxima balançando o rabinho e passa a lamber-lhe o rosto e os braços.

Estremunhando, ela se defende, mas apesar do extremo cansaço, sabe quem lhe faz os afagos.

Panderva sorri e neste sorriso bem-aventurado podemos ver a 'face' do Criador.

Algumas horas se passaram, quando enfim ela desperta.

Olha ao redor, surpreende o animalzinho e exclama carinhosa:

– Olá, meu amiguinho! Você deve estar com fome! Está sempre faminto! Tenho comida em minha bolsa. Tome!

Dito e feito, ela lhe estende um naco de carne escura, gordurosa e algo suja que havia encontrado pelo caminho.

Sacudindo o rabinho freneticamente, olhinhos brilhantes a exibir a sua gratidão, o animalzinho recebe o alimento e come com sofreguidão.

Abrindo bem os grandes e luminosos olhos, ela observa com prazer a voracidade do seu amigo.

Ainda olha ao redor, receosa...

Enfim, dispõe-se a caminhar. Desta vez tem companhia.

Alguns minutos mais e decide quanto ao percurso. Assim, em passos ligeiros, ela transita por ruas que já conhece sem se deter.

Sua expressão agora já não é de temor, mas de agradável expectativa.

Depois de algum tempo, divisa uma rua elegante e repleta de belíssimos casarões.

As pessoas ricas e bem vestidas que passam por ali enxotam-na, temendo-lhe a proximidade.

Ignorando-os abertamente, ela prossegue o seu caminho, enquanto ensaia alguns passos de dança.

O esquelético animal corre ao seu redor e late bulhento.

Panderva corre o olhar pelas diversas fachadas e divisa a bela e rica moradia que lhe interessa, objetivo da sua caminhada.

Respira fundo e dirige-se para lá.

Faz uma pequena pausa para arranjar melhor as vestes, dar um jeito nos cabelos louros como o trigo maduro, sujos e emaranhados, e passa a barra da saia nas bochechas rosadas e viçosas. Por fim, sorri satisfeita com o resultado.

Contorna o edifício e sobe alguns degraus nos fundos. Nesta casa ela é conhecida e bem recebida sempre.

Brejeira, delicada e sorrindo, aproxima-se em passinhos ligeiros e leves, como se flutuasse.

Alguém muito especial ocupa os seus pensamentos: um gentil-homem lhe sorri, enquanto a chama de 'amiga querida'. Imagine! Ela, amiga ou querida de alguém? "Como é bom este filho de Deus!..." – pensa, diminuindo a marcha e organizando pensamentos e intenções.

Sua proclamada 'insanidade' afasta dela a maioria das pessoas. Algumas até lhe fogem, como se ela tivesse alguma doença contagiosa.

Às vezes se divertem à sua custa.

Nestas ocasiões, satisfeita por ser alvo de alguma atenção, aceita-lhes as provocações; se bem que às vezes, enquanto riem a bandeiras despregadas, chegam a feri-la. Mas ela aguenta firme. Sofre sem gemer nem reclamar! Afinal, o que pensariam? Que é uma tola, que não sabe se divertir?!

Panderva acha o próprio nome muito esquisito, mas aprendeu a gostar dele, e quando o gentil-homem o pronuncia, fica mais bonito!

Finalmente, conferindo a 'aparência' uma vez mais, bate em uma porta grande de carvalho.

Um velho ainda forte abre-a e, ao reconhecê-la, não consegue disfarçar alguma contrariedade.

Panderva fica decepcionada... Afinal, se arrumara tão bem e até limpara o rosto!

Enfim, conformado com a visita e respeitando a vontade do seu patrão, que gosta muito dela, Cirineu ordena:

– Entre, entre! Sempre temos algo para você comer! – e já em outro estado de espírito sorri e, na intenção de provocá-la, sugere:

– Você poderá também tomar um banho e trocar estes trapos!

Contrariada, ela retruca:

– Posso aceitar as roupas, Cirineu, mas o banho, não e não!...

Investindo na primeira intenção, ele vai mais longe:

– Ora, ora, a Forbes terá muito prazer em auxiliá-la! – ele casquina uma risada divertida.

Panderva faz uma careta e recua, enquanto desabafa:

– Que Deus me livre da Forbes! Ela me esfrega tanto com escova e sabão que minha pele quase se solta! Depois do banho eu fico mais vermelha que uma pimenta madura!

Ela encerra a frase cruzando os braços, enquanto bate o pezinho no chão e olha para baixo, obstinada.

Rindo à vontade, Cirineu analisa quanta beleza essa criaturinha possui. E como sabe se defender! Ora, se não!...

Sacode os braços e concorda:

– Está bem! Está bem!... Primeiro a comida, depois, quem sabe, não é?

Ela prossegue calada e carrancuda.

Cirineu, então, joga as suas melhores cartas. Este jogo ele já conhece de longa data:

– Pense bem, se o patrão chegar e você ainda estiver aqui, ele ficará muito satisfeito ao vê-la limpa e bem vestida!

Balançando-se para um e outro lado, e amenizando a expressão, ela responde:

– Bem... Quem sabe, não é?...

Algo desanimada, indaga:

– Então, o gentil-homem não se encontra em casa?!

Cirineu balança negativamente a cabeça, confirmando a ausência do patrão.

– Ah... Ora, ora, perdi o meu tempo! E vim de tão longe!

– Talvez não!... – o bom homem lhe responde, já penalizado com o seu desencanto.

Em seguida, interna-se na casa.

Cirineu trabalha ali há muitos anos.

Passados alguns minutos, ele retorna portando uma grande bandeja com uma tigela de sopa fumegando, frutas e doces.

Sentando-se no chão, ela recebe a comida e agradece.

Usando uma colher de pau, bebe sofregamente o delicioso alimento.

Na sopa, grandes pedaços de carne que ela come com prazer. Ao mesmo tempo, guarda pequenas porções em sua bolsa encardida.

Satisfeita, enfim, dá por terminada a saborosa refeição.

Fazendo uma pausa, admira reverente a beleza das frutas antes de comê-las e reflete o quanto Cirineu é bom.

Observa-o, penalizada, pois percebe que ele já está envelhecendo. Certa de que ele logo morrerá, sente muita pena.

Depois de refeição tão substanciosa, a qual raramente ela pode se dar ao luxo, solta o corpo, acomoda-se da melhor maneira e em poucos instantes adormece.

Mãos e braços amparando o rosto, Panderva respira suavemente e serena...

Já está habituada a dormir assim, em qualquer lugar e não existem dificuldades que ela não consiga superar.

No seu rosto quase infantil e muito formoso, um débil sorriso de satisfação.

Cirineu sacode a cabeça e desiste de abordá-la. Caso lhe ofereça outro lugar para repousar ela não aceitará.

Não raras vezes, Panderva declara não merecer isto ou aquilo... Não merecer?... Cirineu acha muito estranho...

"Enfim, loucos e crianças há que se entender e nem sempre é possível questioná-los!" – aprendeu isso desde cedo.

Admirando-lhe a beleza, Cirineu ajuíza que naquele corpo perfeito deve morar um anjo.

"Um corpo atormentado por uma mente enfermiça. Ah, os mistérios de Deus!..." – conclui.

Deixa-a em paz e volta aos seus afazeres. Os patrões são muito exigentes, apesar de serem justos e generosos.

Na rua, o cãozinho adormecera escondido num canto, embaixo de uma escada de pedra, na entrada do enorme sobrado.

*

Fazendo bom uso das nossas atribuições como autor e leitores, vamos investigar a vida e as razões de ser desta personagem tão peculiar.

Quantas vezes já nos aventuramos por esses caminhos e em algumas ocasiões, para susto ou gáudio dos nossos corações, nos depararmos com nós mesmos?...

Isso porque grafamos, incansáveis, por hábito ou por prazer (ou mais apropriadamente por necessidade espiritual), histórias de vidas aparentemente esquecidas no espaço e no tempo.

Um dia, praza aos céus, possamos escrever tão somente belas histórias, repletas de maravilhosos exemplos!

Afinal, o progresso nos impulsiona para frente e para o alto, irresistivelmente! É da Lei!

Um dia nossa hoje querida Panderva teve tudo aquilo que o mundo pôde oferecer e que fora demais para ela.

Sem ser má a princípio, acabou sucumbindo todavia, sob o fascínio da riqueza e do poder.

Depois da infância e juventude livres de problemas e preocupações, ela se deparou com aquilo que sua posição real lhe exigia. Com a morte de seu pai, o rei, surpreendeu-se rainha e à frente de tudo, mas despreparada para esse mister, acomodou-se, sem assumir como deveria suas régias funções.

Naquele tempo, através de artimanhas femininas e altamente comprometedoras, logrou a realização dos seus sonhos de mulher, casando-se com o seu preferido, iludida, contudo, quanto aos sentimentos dele, que guindado ao mais alto grau de riqueza e proeminência humana, envolveu-se nos mesmos propósitos de enriquecer o seu reino para gozar de uma existência luxuosa e plena de prazer.

A vida, contudo, que nos surpreende a cada instante torceu os planos da jovem e bela rainha, atirando-a ao leito, vítima de uma doença misteriosa e incurável. Desenganada pelos médicos do reino, ela foi piorando cada vez mais.

Do seu confortável e luxuoso leito, viu seu marido afastar-se rapidamente, entediado e indiferente aos seus sofrimentos.

Aos poucos, ele foi perdendo os escrúpulos e, fazendo uso dos seus poderes, passou a gastar rios de dinheiro com aquelas que podiam acompanhá-lo nos seus desvarios, trocando-as frequentemente por outras e mais outras, empregando o seu tempo em múltiplas loucuras.

Doente, sua rainha era um triste espetáculo, do qual ele fugia sempre, esquecendo-a cada vez mais.

Enquanto convulsionava de dor entre os lençóis de seda manchados dos pruridos das chagas, essa rainha, hoje destronada, almejava ansiosa por mais tempo de vida para modificar-se. Intenção tardia, porém, pois entregou sua alma ao Criador entre os ritos da sua religião, que incensando-a ainda nos seus últimos momentos, por servilismo e interesse, profetizou-lhe glórias e alegrias infindas no reino dos céus e a recepção calorosa dos anjos.

Depois do desencarne, todavia, ela surpreendeu-se com as consequências de uma vida de erros clamorosos e imantada, por afinidade, aos seus cúmplices, além da cobrança, justa e individual, daqueles que haviam deixado o mundo entre dores, lágrimas, fome, sede e doenças de todos os quilates por sua culpa.

Após um longo período de trágica erraticidade, ela emboscou-se na carne, enfim, para renascer e após o primeiro vagido, rejeitada por aquela que lhe concedeu a vida do corpo, foi abandonada.

Sua mãe, inimiga do passado, que havia atraído sem amor e sem responsabilidade a sua presença, ordenara a uma serva de sua confiança que se desfizesse do pequenino fardo.

Assim, Panderva, recém-nascida, chorou estridentemente num lugar escuro e solitário.

Alguns passantes olharam, torceram o nariz, e foram em frente, concluindo que o fato não lhes dizia respeito.

Após alguns minutos, um cão lebréu acercou-se dela. Sozinho

e desprezado, igualmente faminto e com frio, ele deitou-se ao seu lado, aquecendo-se e aquecendo-a.

Mais alguns minutos e um ébrio que por ali passava surpreendeu-se com o estranho par.

Largando a garrafa já vazia, esforçou-se para entender aquilo que via, fitando, sensibilizado pelos excessos do álcool, aquela criaturinha tão indefesa.

Curvou-se sobre ela e, cambaleando, cai não cai, conseguiu apanhá-la do chão, entre exclamações e ditos incompreensíveis. Apertou-a fortemente, aprumou-se como podia e se foi em ziguezague pelas ruas, sem saber ainda o que fazer a respeito.

Depois de muito caminhar, com extrema dificuldade, divisou uma conhecida tão desajustada quanto ele.

Quase a desabar de vez e sentindo a premente necessidade de entregar-se ao sono da embriaguez, fitou-a em silêncio, mostrando-lhe o pequeno fardo. Diante da surpresa estampada no rosto da 'amiga', e antes que ela rejeitasse a 'incumbência', empurrou-lhe o bebê e foi-se, sem mais, trançando as pernas e desaparecendo nas esquinas dos becos.

A mulher, fazendo uma careta de desaprovação, ficou a olhar a criança sem saber o que fazer com ela.

Talvez fosse melhor deixá-la ali mesmo...

Alguns instantes mais e começou a pensar:

"Com muitas lágrimas, alguns gemidos e dolorosas lamentações, com este fardo nos braços conseguirei sensibilizar os passantes e ganhar mais dinheiro!"

A partir de então, da maneira mais miserável que se possa imaginar, Panderva cresceu entre maus-tratos e uma fome constante.

(Depois dos sofrimentos da doença fatal e do seu desencarne, ela suplicara à Espiritualidade uma oportunidade de redenção, numa vida completamente oposta àquela que acabara de deixar.)

O tempo passou e um dia, Minerva (este é o nome de sua 'mãe' adotiva) exigiu que ela se entregasse ao roubo e à prostituição.

Negando-se, Panderva foi surrada cruelmente.

Em prantos de dor, desencanto e revolta, ela decidiu fugir para bem longe, e na primeira oportunidade concretizou sua intenção.

Embrenhou-se por caminhos desconhecidos e viveu dias inteiros de fuga e de desespero, colocando entre ela e Minerva uma boa distância.

Acostumada a viver nas ruas, Panderva faz pequenos serviços em troca de algumas moedas.

Forte, fisicamente, ela desabrochou tal qual uma linda flor.

Excêntrica no seu jeito de ser, altiva apesar dos trapos que veste, de fácil oratória e bom gosto indiscutível, ela se sente muito à vontade, em meio ao luxo e aos requintes da nobreza.

Tachada de louca, ela aprendeu a não se importar com a opinião alheia e segue sua vida itinerante e misérrima.

Acima das grandes dificuldades que enfrenta todos os dias, ela ama as pessoas e auxilia a quantos encontra pelo caminho.

Aos animais, ela dedica imenso amor, respeitando-lhes a fragilidade e a inocência flagrantes.

De uma beleza extraordinária que a pobreza não consegue esconder, ela desperta simpatia, mas passa por grandes riscos, quando se depara com homens rudes e violentos que tentam dominá-la, visando satisfazer os seus apetites brutais.

Nestas ocasiões, eles espantam-se com sua reação e poder de defesa assim como com as circunstâncias providenciais que se instalam salvando-a do pior.

Panderva sofre também perseguições e ataques de figuras sinistras, que apesar de imponderáveis exibem formas assustadoras e quase concretas.

Quando Cirineu regressa à cozinha, ela ainda está dormindo. Respeita-lhe o descanso que considera sagrado e se vai em silêncio.

Saindo, depara-se com Forbes, que se dirige à cozinha, num cantarolar algo estridente. Faz-lhe um sinal e aponta-lhe a moça.

Forbes faz uma careta enquanto comenta ranzinza:

– Lá vem trabalho extra! Essa pequena sabe como me tirar do sério! Um duende travesso não poderia ser mais endiabrado! E quando se sente ameaçada? Ai, ai, ai!... É uma pequena selvagem!

– Somente com você, Forbes! Ela se defende da sua autoridade tão, tão... digamos, assim, impositiva!

– Alguém precisa pôr freios no temperamento desta menina, ora se não! Ah! Logo hoje que atacada do meu reumatismo não há parte do meu corpo que não esteja doendo! – resmungando, ela se vai, arrastando os pés.

Enquanto isso, Panderva sonha que é uma linda e poderosa princesa... O seu palácio é de uma beleza inimaginável, com servos cuidando do seu conforto e de sua segurança; afinal, seu pai é um rei muito exigente... Um pouco demais... Cruel, talvez...

Mas como é bom viver assim!... Possuir tudo que alguém pode desejar!

Belos homens vivem aos seus pés, mas seu coração já pertence ao belo e corajoso Genebaldo... Caso ele não existisse, de nada valeria tudo o que tem e é!...

Virando-se sobre si mesma, Panderva arruma-se melhor e continua mergulhada em seus sonhos...

Nesse ínterim, o senhor da casa chega, desfaz-se das bagagens, do sobretudo, das luvas, e atira o chapéu num pequeno cabide do corredor.

Cirineu o recebe entre mesuras e sorrisos, sinceros e espontâneos.

Wladimir agradece sua amável recepção, enquanto pensa nas dificuldades que certamente enfrentaria, caso ele não estivesse ali.

Um dia defendeu com sucesso esse bom homem de uma culpa que não lhe pertencia, conseguindo, enfim, libertá-lo para descobrir que ele não era de Florença e que estava apenas de passagem. Mais que isso, Cirineu não tinha destino nem pouso certo. Sua vida era então semelhante à sua, no passado, quando das suas lutas acerbas pela sobrevivência.

Interessou-se por ele e descobriu que em Gênova ele fora um hábil administrador.

Informado do seu interesse em permanecer ali e vendo nele alguém digno de muita confiança, ofereceu-lhe a função de administrador de sua casa. Caso ele encontrasse algo mais interessante, poderia ir quando desejasse.

Cirineu agradeceu efusivo a oportunidade que chegava para

resolver seus problemas de sobrevivência e aceitou de bom grado.

Trabalhando na casa de Wladimir, ele nem percebeu o tempo passar. Foi ficando e apegando-se ao patrão e ao seu filho Norberto.

Wladimir hoje não dispensaria mais aquele criado bom e fiel.

Cirineu se esforça diuturnamente, a fim de que tudo funcione a contento.

Na convivência diária, ele foi se tornando cada vez mais indispensável, além de tê-los conquistado plenamente.

– Olá, Cirineu! – exclama Wladimir, grato pela oportunidade de ter um dia atravessado o caminho daquele homem probo e fraterno.

Após recepcioná-lo, Cirineu declara:

– Jamais me cansarei de agradecer-lhe por tudo, meu senhor! Naquele tempo eu estava perdido e incapaz de me defender! Desesperado pela perda de minha única filha, só desejava morrer! Não sei como caí naquela esparrela tão bem armada pelo diabo!... Mas, se foi ele, "o feitiço virou contra o feiticeiro", porque de tudo que houve, restou a grande alegria de vir trabalhar nesta casa!

– Não blasfeme, Cirineu! Somente Deus pode tê-lo trazido para nós! Hoje, você é parte desta casa e das nossas vidas!

– Conte comigo sempre! – ele declara reverente.

– Obrigado! E então? Está tudo bem?

– Sim! Caso possa, eu gostaria de lhe mostrar algo!

Sorrindo levemente, Wladimir comenta:

– Posso até imaginar o que seja!

Os dois seguem até a ampla e confortável cozinha.

Ali ele surpreende a moça estendida no chão a dormir muito à vontade e sorri enternecido, com tanto descuido, confiança e fragilidade.

Falando baixo, Cirineu lhe diz quando ela chegou e informa que ela está à sua espera.

– Avise-me quando ela despertar. Concluo que esta seja a reação natural de uma alimentação substanciosa.

– Assim é, meu senhor! Sabe como é, não? Ela vive ao Deusdará, sem comer direito. Quando se alimenta bem...

Wladimir distancia-se, pois assim como o seu bom criado, conhece os hábitos excêntricos e as reações inusitadas de Panderva.

Tem-lhe muita afeição e gostaria de protegê-la, caso ela consentisse, mas em sua imprudência e ingenuidade, sequer imagina os riscos que corre, ainda mesmo quando os enfrenta e até se fere, como já tantas vezes lhe acontecera.

Enquanto se afasta, pensa no filho querido que a esta hora deve estar exercendo o seu ofício na corte provincial.

"Quem habitará os seus sonhos de moço?..." – reflete.

Norberto é tenazmente disputado pelas mulheres. Seja por sua beleza, elegância e distinção, seja por seu caráter nobre, ou ainda pelo cargo importante que exerce junto aos poderosos.

Após um banho reconfortante, Wladimir vestido em roupas mais práticas e mais confortáveis, dirige-se à biblioteca e ali, enquanto consulta algumas obras científicas, revê mentalmente aquilo que no momento causa-lhe temor e muita incerteza quanto ao futuro.

Quem vive naquele tempo não pode ignorar as armadilhas cruéis e bem armadas sob os pés daqueles que estão no topo ou a caminho das glórias desejadas.

Impossível ser parte de uma cidade como Florença, alcançar postos avançados e não vir a ser alvo de perseguições.

A visão dos perenes abutres devoradores de vidas e de fortunas recai singularmente sobre aqueles que, possuindo títulos e a aprovação das pessoas de bem, possuem concomitantemente uma riqueza considerável. E este é o seu caso...

Parece-lhe caminhar num pântano putrefato e traiçoeiro a aguardar-lhe um pequeno descuido.

Não compactuando com os 'poderosos' que circulam tais quais satélites, ao redor de autoridades vigentes e desonestas, venais e hipócritas, nem com as suas ideias retrógradas – tão bem aceitas pelo clero dogmático e tirano que delas extraem armas para alcançarem os seus objetivos –, ele e Norberto são observados bem de perto e 'marcados' para serem tirados do caminho daqueles que pretendem, insana e ambiciosamente, açambarcar os reinos dos céus e da terra.

E pobres daqueles que não se movimentam no mesmo ritmo e ousam enfrentá-los, desafiando-lhes as falsas santidades!... Ai daqueles que seguem os caminhos da dignidade e da honra e que não se curvam diante deles.

Wladimir sofre duplamente: por si mesmo e por Norberto, que assim como ele age com prudência, mas de peito aberto.

Pai e filho usam as leis, submetendo-as invariavelmente ao divino poder, pelo qual morreriam.

Assim, eles vivem numa corda bamba a balançar-se sobre um abismo. Até quando conseguirão manter essa corda esticada e segura?!

Hoje Wladimir compareceu aos departamentos adequados para ouvi-los e compreender aquilo que se passa, tentando de todas as maneiras expor-lhes o seu ponto de vista, todavia, topou com um muro de pedra, insensível e frio, indiferente a tudo que não sejam glórias e poder terreno.

Caso haja de fato embates políticos e religiosos, só contarão com a defesa e a proteção do Criador.

Um dos pontos nevrálgicos desse embate são as suas teses científicas.

Há a liberdade proclamada para o aprofundamento das matérias em curso nas diversas academias e até para experimentos, desde que os resultados sejam sacramentados na confirmação cabal das leis da Igreja, pois qualquer outra ideia, ainda que comprovada racionalmente deverá adequar-se obrigatoriamente aos seus ditames.

Wladimir arrepia-se com os espetáculos sinistros a que a cidade assiste quando o regime executa com requintes de crueldade, e para escarmento da sociedade, aqueles que desejam calar e tirar do caminho.

A despeito disso, porém, Wladimir, seu filho e outros se insurgem intimoratos contra esse estado de coisas.

Respirando fundo, conclui que amanhecer em relativa paz e poder sair para trabalhar todas as manhãs já é uma grande bênção.

Reza fervorosamente para não serem engolidos por esse sorvedouro infecto que tem cheiro de enxofre...

Aparentando santidade, apesar dos atos abomináveis que praticam, personalidades civis e eclesiásticas são reverenciadas e incensadas por onde passam, como aves raras de bela plumagem, exóticas e arrogantes.

A submissão servil do populacho alcança níveis inimagináveis, afinal, desafiar o poder vigente pode resultar em prisão, tortura, acusação de heresia e finalmente morte cruel. Por isso, acomodam-se.

Quando o homem age no crime, seguro, porque protegido, investe na criação de um mundo deformado e adequado às suas más tendências.

Indo às fontes, Wladimir regressou pior que antes.

Os ânimos estão exaltados, o que faz suspeitar planos bem definidos quanto à sorte e ao futuro de Florença.

Ele e seu filho, assim como os seus pares, são observados bem de perto e os seus inimigos já prelibam o prazer de destruí-los...

Esta belíssima e florescente cidade, assim como Gênova, Veneza e outras de potencial semelhante trazem um lugar reservado na história. Por isso estão infestadas de lobos vorazes.

Direcionando suas reflexões para um plano mais sutil, Wladimir analisa, lúcido e intuitivo, a atuação das sombras que se aproveitam dos seus representantes terrenos.

Aqueles que julgam dominar quase sempre são manipulados por entidades perversas que absorvendo-lhes as energias vitais controlam as suas vidas a partir da mais simples rotina para usá-los em trevosas sintonias.

No embate de forças entre o bem e o mal, o mundo extrafísico fornece elementos constitutivos para atrair, fortalecer e decidir, pois os resultados dependerão sempre do livre-arbítrio daqueles que à frente de tudo tomam decisões.

Mas, acima de tudo e de todos, ainda que sob aparências incompreensíveis para o vulgo, a grande Lei se cumpre.

Completamente absorto, Wladimir estremece ao ouvir a voz de Cirineu:

– Senhor, Panderva já despertou, repetiu as mesmas cenas de sempre com a pobre Forbes e finalmente está pronta para vê-lo!

Sorrindo complacente, faz ainda uma observação:

– Esta moça limpa e bem vestida impressiona deveras! Elegante e altiva como é, faria furor nos salões da corte! E não duvido, senhor, ela cativaria muitos corações!...

– Concordo com você, Cirineu, todavia, que Deus a conserve longe desse mundo de armadilhas tão perigosas para corações ingênuos como o desta boa filha de Deus!

– Tem razão... Seria atirar uma ovelhinha aos lobos!...

– Você me entendeu, Cirineu! Quando ela quiser, pode trazê-la!

Apesar do seu estado de espírito, Wladimir precisa ouvi-la. Panderva, assim como tantos outros que vivem ao Deus-dará, é perseguida e desprezada. Além de tudo, já desenvolveu por ela uma grande afeição.

Apesar da pecha de insana, ela se expressa muito bem e tem ideias muito avançadas.

Em sua casa, ela acabou por conquistar a todos. Até mesmo Forbes age com ela com severidade, como faria a uma filha querida.

Com sua naturalidade ingênua e a coragem com a qual enfrenta 'os dragões da vida', Panderva é admirável.

Ainda que vestida em trapos e perambulando daqui para ali, dormindo nas ruas e nas vielas escuras, sem pouso ou moradia, ela revela uma belíssima alma.

Em poucos minutos, Panderva aparece na entrada, respeitosa e vacilante.

– Entre, minha querida amiga! – ele declara, encorajando-a fraternalmente.

Tímida, mas muito satisfeita com o que acabara de ouvir, ela silencia. Logo ela que sempre tem uma boa resposta na ponta da língua!

Este gentil-homem, porém, a encanta, despertando-lhe um grande afeto e uma confiança inabalável.

Nem mesmo entre aqueles com quem divide o pão jamais encontrara tanta amabilidade!

Silenciosa, ela continua fitando aquele homem, que apesar de lhe despertar na alma tantos sentimentos bons a intimida demais.

– E então, Panderva? Queria me ver?

– Sim! Sempre que venho aqui quero vê-lo e fico muito desapontada quando o senhor não se encontra em casa!...

– Ora, Panderva! Quando eu não estiver, apenas me espere! Caso eu esteja viajando, Cirineu a avisará! Enfim, por que queria falar comigo?

Enquanto sorri da sua espontaneidade, Wladimir lhe indica uma cadeira.

Panderva respira fundo e reflete quanto ao que vai dizer e, quase arrependida por ter requisitado a entrevista, declara:

– Me desculpe! Não vale a pena perder o seu tempo comigo!

– Ora, por que diz isso? Do meu tempo cuido eu e saiba que eu gosto de falar com você! Diga-me, o que deseja?

Ela se senta, organiza os pensamentos e responde:

– Faz algum tempo, ando com umas caraminholas aqui na minha cabeça!

– Todos nós as temos, pode crer!

– É verdade, contudo as nossas devem ser muito diferentes!...

Wladimir não resiste e ri com vontade.

Rindo também, ela prossegue:

– Eu gostaria de saber quem sou e de onde vim! É difícil viver assim... Nem um nome razoável eu tenho!...

– Compreendo... E o que espera de mim, Panderva?

– Já lhe digo, gentil-homem! O senhor e seu filho Norberto entendem muito de leis e poderiam me ajudar, pois eu mesma não sei o que fazer!

– Tem razão... Contudo, não alimente muitas esperanças, pois apesar dos recursos legais, situações como a sua são de difícil solução. Pode ser que não existam registros...

– Compreendo... Sou apenas uma gota d'água nesse oceano de pessoas sem identidade! Todavia, gentil-homem, Deus está com o senhor e com o seu filho!

Wladimir admira-lhe a capacidade de formular pensamentos e explicar-se:

– Grato, minha boa amiga! E Ele nos concede sempre aquilo que é melhor para nós!

– Acredito nisso! Quero lhe dizer que sua casa, para mim, é

um lugar único e incomparável! – Sorri, matreira, e acrescenta: – Quem não gosta de me ver aqui é a Forbes...

Apesar de entender o jeito de ser da moça, ele censura:

– Por favor, Panderva! Pense um pouco nela e seja mais tolerante! Quando age assim, Forbes visa tão somente o seu bem!

– Para quê ela 'espalha' tantas ordens?

– Para organizar bem a nossa casa, Panderva, e você se insurge contra os seus cuidados!

– Ora, com efeito! Quando ela grita comigo, eu não me controlo! Há de convir, gentil-homem, não estou acostumada a isso!

Ampliando o seu pensamento quanto à Forbes, Wladimir explica algo preocupado:

– Forbes anda adoentada, Panderva. Já tentei empregar outra pessoa para ajudá-la, mas, quem disse que ela aceita? Declara que dá conta de tudo e que não precisa de mais ninguém! Enfim, ela gosta muito de trabalhar!

– Ela gosta muito de dar ordens! – Panderva insiste cobradora.

Wladimir sorri e desiste:

– Bem, deixemos para lá esses assuntos! Prometo investigar o seu passado e a sua origem, está bem?

– Sim, agradeço muito!

– Quanto à sua vida incerta e itinerante, nós já lhe oferecemos uma ótima solução!...

Panderva suspira e declara intempestiva:

– Vocês não têm medo de conviver com uma louca?

– Não diga isso, Panderva! Nós sabemos que isso não é verdade!

– Como podem saber, se eu mesma tenho dúvidas?!

– Por que, Panderva?

Entristecida, ela confessa:

– Porque vejo coisas que ninguém vê, ouço vozes quando ninguém está falando e algumas vezes me transformo tanto que nem me reconheço! Digo coisas que não quero e tomo atitudes que espantam a todos! Prevejo fatos que se darão e conheço caminhos que nunca me ensinaram! Oh, gentil-homem, e tantas outras coisas! –

Ela já se encontra à beira do pranto.

Wladimir pede:

– Acalme-se, Panderva! Não fique assim! Apesar de tudo que diz, é impossível ver maldade ou loucura em você!... Esses acontecimentos são reações da alma, potenciais humanos quase sempre difíceis de analisar satisfatoriamente! Eu gostaria muito de auxiliar você a se encontrar, mas para isso seria necessário tê-la por perto. Por que reage à ideia de vir morar em minha casa? Forbes cuidaria bem de você e você teria tudo de que precisa. Aqui estaria mais protegida e nós poderíamos analisar o seu comportamento para tentar ajudá-la!

– Conviver com a Forbes? Valha-me Deus! Ela é terrível! Fala sem parar e reclama de tudo! E quando cisma que devo lhe obedecer, aí então fica difícil, gentil-homem!...

Wladimir sorri e pensa o quanto ela, sem saber, está ajudando-o a descontrair e aliviar um pouco o próprio coração.

– Os métodos dela são um pouco rudes, mas a intenção é boa, acredite!

– Eu não preciso que cuidem de mim! Sempre fiz isso! – ela insiste.

– Contudo, minha querida amiga, você vive em meio a atropelos de toda sorte!...

– É o preço que pago pela minha liberdade, ora!

– Liberdade exige responsabilidade!

– Eu não sou responsável?! – a indagação soou como uma queixa.

– Você sabe o quanto as pessoas observam e perseguem você por causa das suas esquisitices! Isso não deixa de ser perigoso! Prosseguir vivendo assim é inadmissível. Sozinha como vive, entre perigos, fome, frio e incertezas, você não tem condições de pensar melhor em si mesma.

Ouvindo-o, a princípio muito atenta, Panderva ergue-se extática. Seu olhar torna-se mais brilhante, e nesse estado ela principia a falar. Sua voz parece vir de longe, apesar de soar vibrante e agradável:

– O senhor e o seu filho estão enfrentando problemas de difícil solução! Ambos correm um grande perigo!... Vejo homens que são sombras e sombras que são homens!... Eles são muito perversos!... Predizem, porque tramam a sua perda e a ruína da sua casa!

Cuidado! O mal virá e ambos precisarão de muita vigilância e proteção divina para vencê-lo!... Nunca, porém, percam a fé Naquele que de fato carrega os nossos destinos em suas mãos!...

Luzes superiores estarão a iluminá-los e protegê-los! Nós, os seus protetores, estaremos atentos e tudo faremos, a fim de que prossigam as suas jornadas de ciência, justiça, e amor!... Paz e luz para o seu coração, amigo, irmão!...

Altiva, Panderva aproxima-se mais de Wladimir, em gestos de bênçãos... Em seguida, afasta-se devagar e automaticamente abaixa os braços.

Como sonâmbula, dirige-se ao assento de antes e ali desmorona.

Olha ao redor e indaga:

– O que eu dizia? Por que me olha assim? Vejo lágrimas nos seus olhos, gentil-homem? Fiz algo que o magoasse? Perdoe-me!... Eu não lhe disse? Sou uma desastrada sem remédio! Eu jamais terei conserto! Não mereço sequer a sua atenção!...

A última frase soou tão triste que deixou Wladimir profundamente apiedado.

Ainda digerindo tudo que ouviu e que vem ao encontro de suas indagações íntimas, quanto à sua sorte e de seu filho, agradece comovido a tudo que ouviu de Panderva, instrumento de Deus para socorrê-los.

Ainda se refazendo, responde-lhe:

– Não diga isso, minha filha! Você é um bendito oráculo! Mas, cuide-se para jamais agir assim na frente de pessoas que poderão fazer-lhe muito mal!... Você sabe o que fazem com pessoas como você, Panderva?

– Sim, eu sei... Já vi coisas horríveis, gentil-homem! Pessoas morrendo nas mãos dos carrascos e clamando inocência, pobrezinhas!

(As torturas são escondidas, mas as execuções são feitas à luz do dia, em espetáculos de intimidação...)

– Então, não faça mais o que acabou de fazer, certo? Para a

sua segurança!

– Como não fazer? Eu nunca sei quando vai acontecer! Algo muito forte me domina!...

– Para avaliar o seu comportamento peculiar, minha querida amiga, é preciso que pense no meu convite!

Balançando a cabeça, ela faz entender que vai pensar, enquanto Wladimir conclui:

– Rogo a Deus que a abençoe e proteja sempre!...

– Que assim seja! – ela responde curvando a cabeça reverente.

– Bem, Panderva, tenho outros afazeres por agora. Volte outro dia e conversaremos mais, certo?

– Sim, até breve!

– Até breve, Panderva!

Sozinho, Wladimir entende que deve a essa criatura de Deus mais atenção e cuidados. E precisará também dedicar-lhe mais tempo para os esclarecimentos e à ajuda que ela precisa.

Aguarda a chegada do filho para conversar a respeito daquilo que os alcança tão de perto:

"Agradeço àquele que me alertou e abençoou em nome de Deus! Isso vem confirmar os meus receios, mas me dá a certeza de que, se agirmos de acordo com as leis do Senhor e estivermos vigilantes, poderemos nos salvar da tempestade que se aproxima..."

Agora, ele e Norberto precisarão mais que nunca vigiar e orar, além de observar e atentar às armadilhas...

Em quem confiar? Como se defender? Contra o mal que chega sacramentado nas leis criadas e exercidas pelos tiranos do mundo quase sempre não há defesas!...

Dirige-se ao oratório da casa e ali curva-se e ora por muito tempo. Esgotado, não consegue conter as lágrimas. Aspira de todo o coração por um mundo melhor. Quem sabe um dia?... Se não for para ele será para aqueles que vierem em seguida! Ainda que os séculos dobrem sobre si mesmos, um dia a vida será melhor, porque os homens através dos sofrimentos terão aprendido que o mal é traiçoeiro e atinge a todos aqueles que se afinizam com ele. A duras penas, todos aprenderão, enfim, as mensagens do divino Cordeiro!

Se ele e seu filho, assim como tantos outros, servirem de argamassa para a construção deste mundo novo e redimido, que seja! Esta terá sido enfim uma forma gloriosa de viver e de morrer!

"Estamos todos mergulhados neste incomensurável Universo tão vasto e tão belo! Na visão grandiosa dos céus numa noite de estrelas, quantos pontos de luz a nos enviar mensagens que devem ser gloriosas! Quantos espaços de aprendizado e de experiências! Quanta beleza e perfeição!

Oh, Deus, todo-poderoso! Abençoai as nossas vidas e os nossos destinos! Protegei-nos do mal e conduzi-nos pelas veredas do bem e do amor!... Submeto-me ao vosso amor e poder, sempre! Fazei de mim, Pai, aquilo que desejais!..."

Assim, Wladimir encerra as suas orações e encontra, por fim, a serenidade dos justos, das almas boas, das consciências tranquilas...

O CORTEJO E O FIDALGO

Quando Panderva lindamente paramentada (trabalho exaustivo da Forbes) saiu da casa de Wladimir, procurou o cãozinho que dormia sob a escada.

Sentindo-lhe os passos e a presença, ele despertou do seu sono e correu para ela, rabinho abanando.

Panderva sentou-se num degrau e ofereceu-lhe as porções generosas de carne que havia guardado em sua bolsa.

Sorriu com vontade ao vê-lo embaraçar-se com tanto alimento. Isso a divertia. Ele não sabia o que atacar primeiro. Foi mordendo isso e aquilo até esgotar a fome.

"Dias e dias sem se alimentar direito, pobrezinho..." – ela pensa, esquecida de que também vive assim.

Chama o animalzinho e entre as brincadeiras e os saltos alegres do bichinho se distancia.

Cantando, ela extravasa a alegria de ter sido ouvida e bem recebida.

A casa de Wladimir se transformou num oásis para Panderva, onde encontra respeito, carinho e segurança. Saber que estão ali e que pode contar com eles é realmente providencial.

"Ali, sinto-me protegida, mas submeter-me às ordens da Forbes? Irra! Contudo, preciso pensar... O gentil-homem prometeu ajudar-me a descobrir quem sou e ele cumpre sempre aquilo que promete!..." – reflete.

Ainda envolvida em suas reflexões, ela ouve cânticos.

As músicas são sacras; o ritmo é monótono, lúgubre, arrastado... As vozes são estridentes e desencontradas...

Adivinhando as razões para tanto alvoroço, sente o coração bater descompassado.

Uma estranha fraqueza física a alcança. Encosta-se numa parede, sentindo uma angústia insuportável.

Tudo aquilo prenuncia algo terrível!...

Arrepia-se e subitamente sente muito frio...

Em pânico, divisa uma procissão precedida por estandartes com figuras de santos, seguindo à frente religiosos em suas vestes talares.

Estremecendo de pavor, Panderva pensa aterrorizada, observando-lhes as feições pesadas e endurecidas:

"Quem faz o que eles fazem, só pode ser mau, muito mau!..." – conclui.

O cortejo ruidoso e sombrio serpenteia pela rua na exibição das suas cores, ritmos, e de suas figuras representativas, na sinistra constatação de uma realidade grotesca e criminosa.

Nos estandartes, as fitas coloridas e as flâmulas esvoaçam; algumas são negras como o luto!...

O povo acorre, surgindo de todos os lados, saindo das suas casas confortáveis, das vielas ou dos infectos buracos onde sobrevivem, abandonando, por momentos, as suas ocupações para engrossar cada vez mais as fileiras de público vivamente interessado.

Em alguns rostos, Panderva surpreende expressões diabólicas, numa mórbida expectativa, consoantes com aquilo que veem e, mais ainda, com aquilo que adivinham e já prelibam, sádicos...

Agora, aponta na rua um carroção enfeitado e, dentro deste, uma esquálida mulher, cabelos desfeitos e amarrada por cordas.

A turba que a cerca grita palavras ofensivas e imprecam contra Deus, amaldiçoando-a.

Alguns atiram-lhe pedras, cascas de frutas e outras imundícies.

Ela reage fracamente, tentando abaixar-se sem contudo lograr o seu intento.

Sua roupa é longa e de cor escura. Na cintura cordões ajustam-lhe as vestes grosseiras e largas.

Olhos esgazeados, ela procura ansiosa, em meio à turbamulta, um rosto amigo.

Tentando comover os corações, grita a plenos pulmões:

– Misericórdia, por Deus! Eu sou inocente! Não posso ser condenada! Tenho filhos pequeninos para criar! Tende piedade de mim, homens de Deus, e livrai-me de sorte tão cruel!... Por quem sois! Oh, meus senhores, deixai-me regressar aos braços dos meus filhinhos!... – ela implora já com voz enrouquecida aos religiosos que ali estão, mas que fazem ouvidos moucos às suas súplicas desesperadas, elevando os sons das suas vozes, entoando os cantochões intermináveis.

Enlouquecida, a mulher se debate, olha para o alto e suplica proteção aos céus.

Um pequeno grupo de pessoas chora e se esforça para acompanhar o veículo.

Panderva supõe que sejam seus parentes e seus amigos desesperados, diante de tal horror...

"Pobres infelizes! Quanta dor!..." – pensa, enquanto as suas pernas tremem.

Impossível não recordar os conselhos do gentil-homem... Ela mesma algum dia poderá passar por terrível experiência!... Esta mulher será tão esquisita quanto ela?...

"E quantos outros mais, meu Senhor?" – pensa num crescente horror.

As rodas da carroça rangem, harmonizando-se com a dor e o pranto da condenada.

Em meio àquela parafernália, o cãozinho olha para Panderva e gane, em patente aflição.

Ela o põe no colo e o aperta de encontro ao peito:

– Acalme-se, meu amiguinho! Eu estou aqui... Fique quietinho... Vamos, vamos, assim...

Lágrimas a escorrer dos belos olhos, ela comenta quase para si mesma:

– Esses homens maus prendem, torturam, condenam e executam as pessoas esquecidos da lei divina que assevera: "Não matarás!..." Apresentam-se como representantes de Deus, mas não fazem a sua vontade!...

Panderva não aguenta mais e liberta o pranto. Chora por esta infeliz mulher, por todos que já tiveram ou que terão sorte igual, por si mesma, e por todo o mal que existe no mundo.

Enquanto aquela procissão que parece um pesadelo se distancia, ela tenta aquecer o cãozinho que ainda treme.

De súbito, ouve:

– Conhece aquela pobre mulher?

Panderva se volta e depara-se com os belos olhos de um fidalgo, vestido com todos os ademanes da sua classe social; chapéu de plumas numa das mãos; botas longas, pretas e luzidias, envolvido numa gama de agradáveis perfumes.

Sente-se estranha frente a ele... Fita-o como se estivesse num sonho ou num pesadelo.

Sua presença lhe traz um misto de alegria e de profunda aversão. Sem entender-se, respira fundo e responde:

– Não, mas sei que ela caminha para a morte!

– É verdade! Já vi isso também! É muito triste! E nada podemos fazer. Você sabe disso, não?

– Sim! Infelizmente eu sei! Mas o quanto eu gostaria de poder libertá-la e reconduzi-la aos braços dos seus filhinhos!... Em nome deles, ela implora pela vida!...

Panderva silencia, olhar distante, lágrimas a rolar pelo rosto que parece de fina e rosada porcelana.

Agora observa, quase em choque, a multidão que corre desabalada a fim de alcançar lugares mais próximos à iminente execução, sendo-lhes concedido também o 'privilégio' de colaborar com algumas achas de lenha para a fogueira, o que farão em meio a pragas e exprobrações em coro com as vozes dos carrascos.

Admirado pela beleza, elegância e sensibilidade de Panderva, o fidalgo se aproximara.

Surpreendido com a sonoridade de sua voz e o carinho com o qual ela trata o bichinho, os seus traços perfeitos e as lágrimas que denunciam-lhe sentimentos nobres, ele a imagina no ateliê de um hábil pintor a retratá-la exatamente assim: com o cãozinho ao colo a refletir a piedade e a beleza de sua alma...

Gentil, ele lhe oferece um lenço branco bordado com a sua heráldica.

Panderva fita-o bem de frente, analisa-o em silêncio e ignora-lhe a oferta galante.

Eletrizado por seu olhar, ele fica em suspense:

"Ela é quase etérea, uma deusa caída do Olimpo! De onde saiu esta mulher?! Por que está só e a pé? Quanta elegância, beleza, e luminosidade!" – extasia-se.

Ele saíra da sua carruagem para observar os acontecimentos que o impediram de seguir o seu caminho e surpreendeu-se com a presença de Panderva.

Decidiu abordá-la, não resistiu.

Prossegue com o fino lenço bordado no ar e no mesmo gesto...

Silenciosa, fitando-o ainda, Panderva vira-lhe as costas e se distancia, aconchegando o magérrimo cãozinho.

Profundamente triste, ela sequer percebeu que o fidalgo quedou-se extático a admirá-la, até que ela desaparecesse por completo:

"Acaso, enquanto os demônios passam sacrificando os simples e os ignorantes, os anjos descem à Terra para chorar?! Esta moça é mais bela que qualquer outra que eu já tenha visto nos salões luxuosos da corte!... Caso ela não seja apenas uma miragem, espero revê-la algum dia..."

Enfim, ele ruma na direção à sua carruagem brasonada que aguarda-o à distância.

Dentro do veículo, um servo vestido num libré recepciona-o solícito:

– Podemos prosseguir, meu senhor?

– Sim, Mateus! Vamos! Lamento nada poder fazer para atender ao desejo daquela que se foi tão triste...

– Quem, meu senhor?

– Ainda não sei, Mateus, mas saberei, acredite, porque moverei céus e terra para isso! A sua dor me tocou tão profundamente... Naquele peito amoroso divisei uma preciosa sensibilidade!...

– Tudo isso, em poucos instantes, meu senhor?

– Ora, ora, já esqueceu que tenho o dom de adivinhar as coisas, Mateus? – ele completa com uma risada franca e sonora.

– Ah, meu senhor Theobaldo! Sempre brincalhão! Nem sei quando fala sério ou não!

– Talvez não deva saber! – ele responde num sorriso enigmático.

A carruagem corre desabaladamente em direção ao seu destino e o seu dono mergulha em suaves devaneios, enquanto o veículo aos poucos desaparece nas ruas.

Panderva, que chegara ao seu refúgio, depõe o cãozinho no chão e senta-se ao seu lado para descansar.

Enquanto o acaricia, a fim de continuar acalmando-o, recorda as palavras e o convite do gentil-homem. Vai pensar... Sem pressa! Afinal, será uma decisão muito difícil! Conviver com Forbes será uma aventura e tanto! Ambas se desentendem quase sempre: ela mandando e Panderva negando-se a obedecer.

Em verdade, causa-lhe até um certo prazer desafiá-la...

Um sorriso traquina brinca em seu rosto, enquanto o cãozinho se deita ao seu lado e aquieta-se, sentindo ainda, o peso da comida.

Neste lugar Panderva sente-se em casa, livre e dona de si mesma.

Norberto chega em casa e encontra o pai mergulhado em pensamentos.

– Olá, meu pai! As notícias são ruins, pois não?

– Sim, ouça...

Wladimir conta-lhe tudo e acrescenta também o pedido de Panderva. Por mais ocupado ou aflito que possa estar, jamais desconsidera um pedido, seja de quem for. Todos lhe merecem atenção e respeito.

Norberto exime-se de comentar o dia que teve; talvez pior que os outros. Seria aumentar-lhe a carga de preocupação.

Seu pai, porém, compreende-o sem que ele se pronuncie.

Depois de uma boa conversação e de cearem juntos, cada qual segue para os seus aposentos a se ocuparem ainda. Há sempre muito por fazer.

Norberto gostou muito do que ouvira de seu pai, quanto ao fato de 'alguém', através de Panderva, o alertar para os perigos e, mais do que isso, o abençoar!... Sem dúvida, seu pai merecia a atenção dos céus.

Apesar dos cuidados quanto à própria segurança, pai e filho dormiram tranquilos e despertaram bem na manhã seguinte para mais um dia de atividades que esperavam fossem rotineiras.

A CORTE PROVINCIAL

AS ATIVIDADES NA corte provincial já se desenvolviam acaloradas quando Norberto chegou.

Dispondo-se a trabalhar, como faz habitualmente nos horários pré-estabelecidos, ele encontrou dificuldades para os diversos procedimentos de praxe. Há uma patente irritação da parte de todos e, no ar, algo indefinível, mais ameaçador que antes...

O seu trabalho se desenvolveu, enfim, entre discussões inúteis e sem fundamento, que dispersaram os pensamentos de quase todos numa agitação improfícua.

A patente insegurança anuncia a tempestade que se forma sobre todas as cabeças, mais para uns e menos para outros.

Ao findar o dia, Norberto, exausto, constata a impossibilidade de prosseguir.

Invadido por uma grande lassidão, senta-se desanimado e silencioso. Suas vestes amplas e escuras espalham-se no assento. Cabisbaixo, só deseja de fato regressar para casa o quanto antes.

Sua respiração curta e ruidosa e sua fronte latejando refletem a sua indignação.

Um suor abundante o incomoda. Livra-se da capa e refresca-se com um pouco de água.

Os dias têm sido assim; um pior que o outro.

Até quando irão resistir à forte pressão feita pelo Estado e pela Igreja?

A intenção é que tudo gire à matroca para jogar a culpa sobre aqueles que os incomodam, mas nos quais não encontram recursos legais para acusações. Se bem que tal 'carência' pode ser suprimida facilmente por calúnias bem urdidas.

Arrepiando-se, Norberto pensa com acerto que o seu destino, de seu pai e de muitos outros já deve estar decidido.

Ali, reflexivo, ele pressente o olhar e a presença de alguém. Observa ao redor e divisa a figura conhecida e temida de Aristófanes.

Parado, sob um dos largos portais, seu arquiinimigo sorri silencioso.

Sustenta-lhe o olhar ameaçador, firme e sem temor.

Minutos depois, Aristófanes afasta-se vagarosamente, como uma fera faminta que escolhe a melhor estratégia para o ataque.

"Esta ave de mau-agouro está sempre atravessando o meu caminho e de meu pai..." – conclui.

Consegue sentir-lhe o ódio, o despeito, a inveja e as suas torpes intenções.

Compara-o a um corvo balançando-se ao rés do chão a disputar desengonçado restos de carniça.

Naquele fim de tarde, Norberto prepara-se para regressar ao seu lar, duvidando que o seu honroso trabalho na corte provincial sobreviva por muito tempo...

THEOBALDO

PANDERVA, QUE PENSA seriamente em aceitar o convite de Wladimir, tem ido mais vezes à sua casa.

Uma vez ali, observa o movimento rotineiro sob um ângulo diferente, imaginando-se entre eles.

O cãozinho, com as generosas porções de comida que recebe, já não está tão esquelético. Vivaz, ele se atreve vez por outra a entrar na casa, sendo enxotado por Forbes, em meio aos seus gritos e as suas exprobrações.

Nessas ocasiões, ele se refugia embaixo da escada, lugar onde se sente mais seguro.

Este é mais um motivo para Panderva desentender-se com Forbes.

Cirineu, pobre homem, no meio desses atropelos imagina muito preocupado como será quando a moça já estiver morando ali.

Muitas vezes, Theobaldo caminha pelas mesmas ruas, na esperança de rever a bela mulher que parece ter aprisionado o seu coração. Infelizmente, ela nunca mais cruzou o seu caminho... Certa vez, julgou divisá-la rapidamente, mas ao procurar por ela não viu mais ninguém...

De fato era Panderva, que ao vê-lo esgueirou-se e fugiu por caminhos que ele desconhece, desaparecendo do seu ângulo de visão.

Ela se sentiria muito mal, caso ele soubesse, enfim, quem ela era e como vivia.

Desanimado, Theobaldo voltara à sua carruagem, ordenando ao cocheiro que regressasse para casa, o que fez envolvido em seus devaneios românticos:

"O que fazer para rever aquele anjo? Terei sonhado de olhos abertos?! Não! Eu a vi em toda sua beleza e fascínio e, mais que isso, eu lhe falei! Nós conversamos!..."

Uma vez em casa, ele retoma as suas atividades rotineiras. Precisa administrar a casa e os bens da família.

Desde cedo, habituou-se não apenas a administrar, mas também a comandar com pulso de aço, algumas vezes de chicote nas mãos.

Desconcertado e entristecido pelo fracasso da busca que já se torna cansativa e inútil, ele sobe aos seus aposentos.

(É, Genibaldo, você se deparou novamente com o seu passado!... O que lhe reservará o futuro?)

Ali, debruçado sobre papéis e documentos, ele trabalha incansavelmente.

Seu humor, que já não é grande coisa, ficou ainda pior ante a grande frustração com a qual passou a viver.

À noite, na hora do repouso, ele relembra ponto por ponto tudo que viveu naquele dia de ventura e de surpresas.

Entre lençóis de seda, muito conforto e segurança material, ele sequer pode imaginar que aquela que procura dorme ao relento, sem segurança alguma, tendo por companhia os seus iguais e um frágil cãozinho...

Analisando-a na forma que a viu, imagina-a protegida e bem servida, numa bela mansão ou num castelo, entre sedas, rendas e joias, a desfilar elegante e altiva entre os seus súditos. Ou quem sabe feliz com um marido!

Ante este pensamento, Theobaldo salta do leito:

"Enlouqueço ao imaginá-la casada ou simplesmente comprometida!... O tempo pode ser meu maior inimigo e arrebatá-la de mim! Se é que isso já não aconteceu!..."

Desiste de dormir. Seus pensamentos o impedem de fazê-lo. Levanta-se e vai para a varanda repleta de flores que exalam um fino e delicioso perfume.

Debruça-se e observa a belíssima noite, enquanto analisa, algo entediado, aqueles que por ali vagam à cata de algo que lhes possa valer, materialmente, ou quem sabe tramando roubar os transeuntes ou as residências desguarnecidas de segurança.

"Francamente, Theobaldo! Hoje você resolveu sofrer as penas do inferno!..."

Desiste de permanecer na varanda e volta aos seus aposentos e só pelo amanhecer consegue algum repouso.

Na manhã seguinte, sente-se incapaz de desenvolver a contento as suas atribuições.

Noutra realidade e na mesma noite, Panderva se remexe sobre o chão frio e áspero, coberto com uma manta macia que ganhara de Forbes e cobrindo-se com outra tão boa quanto e da mesma procedência, ela sonha, enquanto um sorriso beatífico se lhe desenha no belo rosto.

Antes de dormir, recordou aquele fidalgo tão elegante e tão amável que lhe ofereceu o seu lenço...

Não pode negar, ele superou as suas expectativas!... Onde já viu aquele rosto, aquela elegância, aquela altivez, aquela voz cariciosa? Ele lhe pareceu tão familiar... Como é belo, elegante e refinado!

Naquele dia, contudo, consciente da própria realidade, sentira o peso de tudo que era e vivia.

Sabe que se estivesse mal vestida, ele sequer teria notado a sua presença... Isso é tão óbvio!... Então para que recordá-lo?

Entre o sono e a vigília, ela sussurra consigo mesma:

– Um dia eu amei alguém assim e esse amor foi a minha desgraça! Mas, quando isso se deu? Devo afastar-me dele... Ao fitá-lo, meu coração acelerou e uma saudade, não sei de quê nem de quando, constringiu-me a alma...

Fracamente, quase adormecida, ela sussurra, ainda:

– Fique longe de mim, com toda a sua nobreza, senhor desconhecido!

As provocações

Wladimir, que há alguns dias não comparece à corte provincial, observa que Norberto volta de lá cada vez mais exasperado.

Quanto tempo terão ainda? De quantos dias dispõem antes que a grande tempestade desabe?

Abraça o filho e indaga afável:

– Como está, meu filho?

Revoltado e com a imagem de Aristófanes sempre a rondar como uma assombração, ele não se contém:

– Estamos nos aproximando da cratera do vulcão que ruge sob os nossos pés!

Wladimir respira fundo e comenta:

– Apesar de tudo, meu filho, estamos juntos e conscientes desta triste realidade!

– Sim! Posso sentir a insatisfação geral e a desestabilização instalada nos corações e nas mentes daqueles que trabalham conosco! Sinto ganas de enfrentar os nossos inimigos de peito aberto! O sangue ferve nas minhas veias, meu pai!

– Conheço você muito bem e sei como reage! Eu também suporto, assim como tantos outros, a perseguição destes homens enlouquecidos pelo poder! Suas almas devem ter esquecido a lei soberana que comanda tudo. Pobres infelizes! Se o Criador não lhes permitisse, sequer respirariam! São entes desgraçados que criam abismos e caminham a passos largos para eles mesmos!

Como seu pai e amigo, Norberto, devo evocar a sua razão, rogando-lhe calma e prudência! Não lhes dê motivos maiores que aqueles que engendram nas suas mentes sombrias! Mais dia menos dia, nós sabemos, ele darão o bote! Até lá, precisamos manter os nossos sentidos alertas, vigiar e orar com muita fé, a fim de que Deus nos defenda, nos fortaleça, e tome nas Suas mãos providenciais e amorosas os nossos destinos!

Diante de tanta força moral e tanta fé, Norberto acalma o coração e aperta as mãos do pai, demonstrando a sua anuência.

Wladimir, à essa altura, já tem os olhos rasos d'água.

– Confie, em mim, pai, e veja neste desabafo apenas uma forma de aliviar minha alma! Se eu perder o controle algum dia, ponha na conta da minha honra e da minha dignidade!

Wladimir se levanta e o abraça. As palavras morrem-lhe na garganta. Nada mais há para dizer, mas muito para sentir (e temer)...

Norberto alegra-se intimamente por não ter lhe contado que Aristófanes, como uma ave de rapina, vive a assombrá-lo nos diversos departamentos do Fórum, mas imagina que ele venha fazendo o mesmo com o pai.

É justamente pensando neste homem cruel que a alma de Norberto se revolta mais. Sabe, contudo, que justamente aí está o seu maior desafio.

Abraçados, pai e filho se dirigem ao interior da casa. Sabem que os seus inimigos conhecem os meios mais cruéis para atormentar aqueles que cumprem os seus deveres com dedicação e honestidade, mas contam com a misericórdia de Deus e força maior não existe.

Sonho e realidade

Apesar das próprias decisões com respeito àquele encontro fortuito e misterioso, Panderva tornou-se mais vaidosa.

O interesse de Theobaldo por ela e a sua cortesia despertaram-lhe a vaidade feminina.

Aos poucos, apesar de rejeitar alguns procedimentos, ela se informa melhor, aceita vestir-se com mais elegância, depois de uma higiene mais apurada, e ensaia maneiras mais adequadas à vida social.

Para Forbes é como retirar de um cofre os valores ali guardados e bem preservados para usá-los em benefício da própria Panderva. Apesar da sua rebeldia, ela é uma dama nata: elegante, inteligente, culta, e de bom trato com as pessoas.

Cirineu, atento observador, relembra a filha na mesma idade e compreende, de pronto, as razões para a vaidade de Panderva. Sorri e intimamente deseja que ela seja feliz.

Até a Forbes Panderva já suporta melhor.

Wladimir e Norberto, ocupados em excesso, não a viram mais.

Ela entra e sai por vias que conhece respeitando-lhes a privacidade e quando julgar conveniente reforçará o seu pedido a respeito de sua origem.

Conciliábulo

Entre uma providência e outra, os poderosos na política e na religião reúnem-se em agitado conciliábulo, a fim de traçar planos seguros para tirar de circulação aqueles que os incomodam.

Como novos Césares despertados dos seus sonos milenares, eles decidem quem deve viver e quem deve morrer (Ave, César!).

Açambarcando tudo e se impondo com violência, dominam novamente a ferro e fogo. Afinal, tudo lhes pertence de fato e de direito e se Deus lhes permite, é porque assim deve ser!... E quem poderá sequer sonhar em questioná-los?!

Com eles, a Santa Madre Igreja nunca, jamais será enfraquecida nem destituída do seu lugar divino e único!...

– Deus está conosco!... – grita o líder, arrogante e exaltado.

– Sim! Deus estará conosco *ad aeternum*!... – responde o grupo em tom de oração cantada.

– Até os reis curvam-se, sem negociações! Que nenhum poder terreno ouse nos desafiar, pois somos os representantes diretos de Deus!

Àqueles que, imprudentes, nos desafiarem, propiciaremos meios muito eficazes para o arrependimento! Conhecemos bem os procedimentos adequados para o arrependimento e a salvação!

Palmas explodem entusiastas e ruidosas.

Ato contínuo, todos se abraçam e se confraternizam.

Acalmados os ânimos, preparam-se para discutir interesses comuns.

Trocam informações, favores, segredos e fazem pactos diabólicos para o exercício das suas vidas, focados para o domínio das mentes e dos corações, na preservação do poder que representam, na defesa daquilo que possuem e daquilo que desejam. Não existe terreno que não possam pisar para o controle absoluto de tudo.

A reunião termina com o agendamento de outras em datas predeterminadas.

Comemoram as 'sublimes expectativas' e as 'clamorosas vitórias' que virão sorvendo um capitoso vinho, acessível apenas às classes dominantes.

Após horas de libação e num comportamento nada ético eles se despedem.

Embriagados, embarcam ou, melhor dizendo, são empurrados por aqueles que têm a incumbência de servi-los para dentro das suas carruagens luxuosas e de heráldicas 'respeitáveis'.

Passarão rapidamente pelo poviléu quase a atropelá-los, e caso isso venha a suceder, o que podem fazer?... O povo, além de inútil, é muito imprudente!

Ao chegarem às suas ricas residências, todas adquiridas legalmente, ainda que os antigos moradores e proprietários tenham sido aprisionados, espoliados ou mortos, a fim de serem convencidos a entregá-las, os servos, depois de resgatá-los dos veículos, carregam-nos literalmente até os seus leitos. Ali aprestam-se a prepará-los para a troca das vestes, não antes de sofrer-lhes todas as formas de agressividade e exprobrações.

*

NESSE TEMPO, COMO muitas vezes ocorrera na história da civilização, grandes homens corajosos e fiéis à Verdade vão sendo sacrificados e tirados do caminho, depois de sofrerem toda forma de humilhação e dor, à feição dos mártires dos circos romanos, e para o nosso entendimento muitos deles regressaram ao nosso mundo várias vezes para prosseguirem, intimoratos, na luta do bem contra o mal para a implantação do verdadeiro progresso.

Imbuídos de amor, eles voltam a enfrentar aqueles que quase

sempre também são os mesmos, na obstinação de destruir e desafiar todas as leis, insensatos, afrontando o próprio Deus com suas velhacarias, industriando na Terra um reinado sinistro de dor e de desaire.

Mateus e Cirineu

Hoje Mateus está a serviço do coração do seu patrão.

Organizando-se, conhecedor antigo da cidade, ele tem a incumbência de descobrir a identidade e o endereço da bela jovem que, sem saber, passou a ser alvo dos sonhos de Theobaldo.

Assim, ele já peregrinou por ruas, ladeiras, travessas e belas avenidas. Numa destas, decidiu valer-se dos conhecimentos de seu velho amigo, Cirineu, que trabalha há anos no casarão dos senhores Wladimir e Norberto Vladosk.

Estes, muito respeitados em Florença, devem conhecer muitas pessoas, quanto mais não seja pela profissão que exercem junto às leis do Estado.

Ele bate à porta e é recebido com muita amizade:

– Ora, ora, Mateus! Quem está vivo sempre aparece, hein? Afinal esta cidade não é tão grande assim! Venha de lá um grande abraço, meu caro amigo!

Mateus aceita o convite e abraça-o, tão contente quanto:

– Sim, é verdade! Aqui estamos nós! É muito bom revê-lo! Vejo que está muito bem!

– E você parece vender saúde! A sua aparência é ótima! Quem diria que já enfrentamos grandes tempestades, não é?

– Mas sobrevivemos para continuar a batalha!

– Sente-se e diga-me, amigo, a que vem? Por certo a esta hora deve estar trabalhando!

Rindo gostosamente, Mateus responde:

– Sim! Você é muito observador!

– Assim deve ser! Um olho na própria vida e outro no mundo!

– Você está certo! O que me traz aqui não é apenas a saudade dos velhos tempos, mas uma séria incumbência do meu patrão. Ouça...

Ele narra os tormentos que seu patrão vive atualmente à cata da bela jovem que um dia encontrou na rua.

Cirineu conclui rapidamente:

"Panderva!... Quem mais agiria assim? Quem poderia estar mais bela que ela ao sair daqui ataviada segundo os cuidados competentes de Forbes? Eu sabia que mais dia menos dia isso aconteceria... Ah!... Por isso, ela se mostra mais vaidosa agora... Como dizer a Mateus que 'aquela moça' não faz parte do mundo do seu patrão? Se Theobaldo soubesse onde e como vive Panderva... Se depender de mim, porém, ele nunca saberá, porque eu jamais trairei a confiança dessa querida menina, nem me precipitarei! Preciso falar com o meu patrão..." – reflete.

Mateus respeita-lhe a abstração e, enquanto aguarda, bebe um refresco e come saborosos biscoitos. Cortesia da casa. Depois da caminhada exaustiva, ele está faminto.

Cirineu, enfim, se pronuncia:

– Pensei muito e não sei de quem se trata! Falarei com meus patrões e se eles souberem de algo eu lhe direi!

– Está bem, meu velho amigo! Agradeço-lhe a atenção! Até logo e passe muito bem!

– Você também! Tive muito prazer em revê-lo!

Despedem-se com um novo abraço.

Cirineu retorna aos seus afazeres.

Cantarolando, Forbes encontra-o no corredor e indaga o que Mateus queria.

– Nada de importante, Forbes! Pediu-me uma informação e eu já lhe dei!

– Ah!... – ela se vai um pouco desconfiada. Conhece Cirineu o suficiente para saber que ele está mentindo... Enfim, segue em busca dos seus interesses e esquece o assunto.

Fez uma boa arrumação nas roupas que foram de sua patroa,

dona Isolda, a querida e saudosa esposa de Wladimir Vladosk. Há muito os senhores da casa deixaram com ela a incumbência de direcioná-las da melhor maneira, isentando-se, ambos, de qualquer opinião a respeito.

Ultimamente, Panderva está mais vaidosa. Gosta de vê-la bonita e bem vestida.

Nunca se casou e nunca teve filhos. Aprendeu a querer-lhe muito bem. Se ela vier morar ali, apesar dos atropelos que ela lhe causa, se sentirá menos sozinha.

De regresso, Mateus conta ao patrão as caminhadas inúteis que fez.

– Ora, Mateus! Será que aquela belíssima mulher estava de passagem por Florença?

– Talvez sim, patrão, talvez sim!

– Isso seria desastroso, mas se assim for, estenderei a minha busca até onde for preciso! Nada nem ninguém me impedirá de reencontrá-la!

– Se assim o desejar, continuarei a procurá-la, meu senhor!

– Esteja atento, Mateus, a qualquer sinal! Fique de olhos e ouvidos bem abertos!

– Sim, senhor! – Mateus se inclina respeitoso e se vai, enquanto recorda o conflito que surpreendeu em Cirineu... Talvez ele saiba quem é a misteriosa mulher, mas o que prenderia a sua língua, impedindo-o de falar? Provavelmente, obediência aos patrões... Melhor nada dizer a Theobaldo...

Na casa de Wladimir, quando este chega, Cirineu lhe diz que precisa lhe falar.

– O assunto é urgente, Cirineu?

– Não, senhor! Nada que exija pressa!

– Então, me dê algum tempo. Assim possa, ouvirei o que tem a dizer!

– Sim, senhor! A questão se prende à nossa protegida, Panderva.

– Ela está bem?

– Muito bem!

Wladimir se interna na casa em silêncio.

Na corte provincial sentiu, mais do que nunca, a perseguição dos seus opositores. Desta vez sem sofismas, declarada, aberta.

Não suporta mais também ver a aflição do filho.

Se decidirem enfrentá-los de peito aberto serão massacrados através de providências arbitrárias, contudo, vestidas de legais, e enfrentarão a brutalidade contumaz daqueles que parecem sentir prazer nas dores físicas e morais dos infelizes que caem sob as suas torturas e execuções cruéis...

Se decidirem sair dali, serão considerados covardes e intimamente sentir-se-ão, exatamente assim.

Aqueles que estão tão arrolados quanto eles enfrentarão, de acordo com as próprias forças e possibilidades, os mesmos riscos. São pessoas de caráter, determinadas e livres para agir de moto próprio.

Assim como Norberto, gostaria de se defender de forma legal, mas já viu muitas vezes onde essa coragem leva: os culpados são inocentados e os inocentes são conduzidos às prisões para trilharem o caminho sombrio e fatal de uma morte sinistra e indigna...

Sofre duplamente, por si mesmo e por Norberto. Ele é tão jovem... Seu ardente coração parece estar seriamente comprometido. Precisa pensar em si mesmo e nos seus sentimentos...

A MUSA

A CAMINHO DE casa, Norberto divisa, através das janelas da carruagem, belíssima mulher atravessando a rua.

Suas tranças louras são longas e estão enrodilhadas ao redor das orelhas; o rosto lembra o de um anjo de refinada pintura; os pés pequenos, calçados em sapatos coloridos e de rico artesanato, atravessam as ruas cuidadosos e leves como plumas. Nas mãos pequeninos fardos, prováveis compras.

Sua ama a espera do outro lado da rua e ambas embarcam num veículo de luxo decorado com um brasão.

Ao passar por ele, ela cora levemente, enquanto lhe dirige um discreto sorriso que aquece e ilumina o coração de Norberto.

É ela a sua musa inspiradora, o seu ideal feito mulher; razão da sua vida e dos seus mais caros anseios.

Desde que a viu e trocaram olhares, seus sentimentos mais puros e mais ardentes se voltaram para ela.

Comparece a todos os lugares que ela frequenta para vê-la, se bem que à distância, porque o seu pai, um nobre germânico, além de trazê-la sob severa vigilância, é amigo e comensal dos seus inimigos mais ferrenhos.

Odorico Von Braun é cioso da filha e planeja para ela um casamento à altura de sua linhagem.

Quando Norberto viu a bela Brunilda pela primeira vez e quando os seus olhares se cruzaram, eles vibraram em uníssono, pois ela correspondera instantaneamente ao seu interesse.

"Nosso encontro aparentemente fortuito deve ter sido fruto de uma conspiração dos deuses ou uma bela travessura de Eros, sob as ordens de Afrodite!..." – pensa Norberto, entre sorrisos de enlevo...

Na ocasião, frente a frente, como se velhos conhecidos fossem, trocaram algumas palavras, instalando-se ali um adorável visgo a prender definitiva e irremediavelmente suas almas.

A ama, contudo, bem instruída, não gostou nada daquilo que surpreendera nos olhos e no comportamento de Brunilda. Acercou-se e subitamente arrancou-a daquela fascinação, arrastando-a pelas ruas, virando-se para ver contrariada que Norberto, ousado, ia-lhes ao encalço.

De revés, avisou-o com olhares rancorosos o risco que ele corria... Alguns quartos de hora mais, percebendo a sua insistência, conduziu-a à carruagem que aguardava próximo dali e ordenou ao cocheiro que as levasse o mais rápido possível.

A partir daquele dia, Norberto vive em suspenso: nada é mais importante que os olhos azuis daquela mulher de beleza extasiante.

Quando consegue vê-la é tomado por emoções nunca dantes experimentadas; não tão intensas.

Ela, por sua vez, revela plena correspondência ao seu encantamento, quando eles se encontram.

Norberto já conseguiu falar-lhe algumas vezes.

Numa ocasião, na qual sua acetinada mão descansava sobre um balcão de vendas numa loja, acariciou-a transmitindo-lhe, silencioso e intencional, o calor da sua paixão.

Naquele dia, desviando a ama para alguma compra um pouco mais distante, Brunilda criou uma pequena pausa, a fim de que pudessem apresentar-se.

O cocheiro, Percival, já observou o rapaz e sempre que o vê, dirige-lhe um olhar amável e compreensivo.

Além de sentir pena da prisão doméstica na qual a querida menina vive, Norberto já defendeu-o numa causa que lhe valeu em muito. Grato por isso, admira o rapaz que quando fala no ardor das suas defesas, num ambiente de silêncio, respeito e admiração, cala as bocas dos seus opositores.

Por isso, Percival já é amigo em potencial com quem Norberto pode contar, o que deixa patente no sorriso de incentivo que lhe dirige. Ele pensa na sorte de Brunilda, ao despertar o interesse de um homem como Norberto Vladosk: probo, bem-apessoado, elegante e rico.

Por certo, ele não carrega brasões nem heráldicas, como a família dela, mas sempre poderá adquiri-los, se quiser. Meios para isso não lhe faltam.

Norberto traz a alma pesarosa, analisando as circunstâncias desfavoráveis. A qualquer momento a vida pode separá-los definitivamente. Como sobreviver sem ela?

Brunilda é o seu norte, a sua luz, sua esperança de ser feliz! Assim, para sua surpresa, descobriu-se amando-a, perdidamente.

Habitualmente, rejeita qualquer sentimento que possa prendê-lo. A perda de sua liberdade emocional jamais foi cogitada por sua razão, mas hoje vive em meio aos tormentos da incerteza nesse surpreendente e insuperável sentimento.

Vive ao mesmo tempo um desafio de vida e de morte, diante daquilo que se esconde nas sombras sinistras dos pensamentos e intenções dos seus inimigos declarados.

Talvez a vida exija dele e de seu pai a saída estratégica de Florença. Caso isso venha a acontecer, o que fará em razão desse amor? Deixar Brunilda para trás?! Jamais!...

Tem plena consciência de que seu pai, o barão, a consorciará muito breve com alguém de sua escolha, principalmente quando souber que ela está interessada por alguém que foge às suas régias expectativas.

Brunilda, assim como tantas outras, em situação semelhante, são moeda de troca no mercado de valores da ambição dos seus.

Ao pensar nisso, Norberto quase se descontrola.

Deve falar a respeito com seu pai, afinal, hoje tudo dependerá desse amor. Sequer pode imaginar-se longe de Florença e consequentemente longe dela.

Um sentimento antecipado de perda o alcança fazendo-o sofrer.

Ultimamente, tem recordado a situação quase fatal que viveu na infância junto ao pai. As imagens daquele dia nunca lhe saíram da memória e esta que o desafia hoje pode ser tão perigosa, quanto...

Conseguirão uma saída honrada e propícia?

"Pobre pai querido, ele também recebe o seu quinhão de ameaças e de desrespeito e conta com a minha participação para resolvermos a contento o nosso futuro próximo... Como conciliar todas essas questões e dar-lhes uma direção correta?"

Nesse momento, caminha nervoso no amplo e belo salão de sua casa.

Detém-se a refletir e retoma a caminhada inquieta várias vezes, mas não consegue visualizar no momento qualquer solução.

Seu pai chega e decide abordá-lo:

– Meu filho, vejo-o muito atormentado. Posso ajudá-lo? Além da nossa própria situação, algo mais o constrange?

Sentando-se, enfim, ele confessa:

– Sim, tenho outras preocupações, meu pai, e estas pesam tanto, quanto as outras! Faz algum tempo, o senhor meu pai é testemunha, venho me debatendo entre a razão e o coração e finalmente surpreendo-me apaixonado, ou melhor, amando deveras a uma mulher que resume tudo aquilo que um homem pode desejar. Mas...

Norberto faz uma pausa, enquanto Wladimir revela uma crescente ansiedade.

– Quase sempre existe um mas, não é? Pois bem, esta mulher que hoje domina completamente os meus sentidos, o meu coração e minha alma, é a filha única de Her Odorico Von Braun. Como pode ver, hoje me debato entre as venturas do céu e os tormentos do inferno; entre esperanças de felicidade e o medo de vir a perdê-la...

Wladimir suspira e leva a mão ao peito. Já previa algo semelhante. Fosse um desafio fácil de enfrentar, seu filho já lhe teria lhe contado:

– Lamento ouvir isso, meu filho! Já temos tantos problemas e este promete!... Conhecemos os grandes obstáculos que as mulheres enfrentam quando amam. Entre o amor e a vontade delas, quase sempre existe a autoridade paterna e da família como um todo. Sabemos à saciedade, que as leis vigentes protegem declaradamente o pátrio poder. Contra estas leis nos chocamos todos os dias e este muro pétreo impede-nos de ações mais justas! Trabalhamos inutilmente frente a estas disputas e quase sempre não chegamos às desejáveis soluções!

Wladimir, cada vez mais indignado, prossegue:

– Temos visto tragédias sem conta, por causa dessas pendências e desse atraso que prescreve e sacramenta o poder da família sobre os seus descendentes.

Parece-nos que o nosso progresso viaja de carroça e que apenas uma das rodas a mantém na estrada – a da esperança– que se firma e ainda existe pelos cuidados e a dedicação daqueles que, vendo mais além, sabem que ninguém deveria ter o poder de impedir as escolhas do coração!...

Até quando, oh, Senhor do Universo, até quando nos arrastaremos feito vermes no chão, sujos da lama fétida das nossas imperfeições morais?!...

Norberto se emociona fortemente, diante de discurso tão positivo e tão lúcido.

"Este é o meu pai!..." – pensa orgulhoso e reverente.

De olhos rasos de emoção, ele o ouve em adoração e quase esquecido dos próprios conflitos existenciais.

Wladimir estanca, acalma-se, desfaz a postura de defensor e senta-se diante do filho:

– Conte-me tudo, peço-lhe! Juntos poderemos avaliar melhor a situação que parece realmente tão grave quanto as que já enfrentamos; você o disse e eu ratifico!

Norberto abre o coração e narra tudo, desde o início, sem esquecer de informá-lo que, para a ventura de sua alma, é correspondido plenamente.

– O que fazer, meu pai? Praza aos céus haja uma forma de sair deste impasse em segurança e com ela ao meu lado!

– Quem sabe, Norberto, uma boa circunstância venha a ocorrer oportunamente?

– Não seria esperar demais, meu pai?

– Já passamos por situações difíceis antes. Os homens com os quais renteamos e que se arvoram em representantes únicos e diretos do Criador desconhecem a sua piedade e a sua justiça!... Cegos por opção, eles espalham as suas maldades e não temem sequer o 'juízo final'! Todavia, filho amado, nós sabemos da divindade e da Sua presença nas nossas vidas. Não podemos esquecer o aviso inesperado e bendito que recebemos através do 'oráculo' que conhecemos tão bem! Acredito que a moça que conquistou o seu coração faça parte do seu destino e tenha chegado no momento certo! Podemos concluir que ela também espera de você as decisões!

Respirando forte, Norberto concorda:

– Haveremos de saber o que fazer, quando e como! Eu espero... Vamos cear? A fome, apesar dos nossos percalços, chega na hora certa!

Juntos, eles adentram o interior das dependências do grande salão de refeições, onde os criados já estão na expectativa de servi-los.

Sentam-se e comem com gosto. Este é sempre um momento de alegria e de conforto para ambos.

Mais uma noite chega e os dois se dirigem aos seus aposentos.

Noite alta, Norberto admira as estrelas e compara-as ao olhar pleno de luz de sua amada.

Ali, a suspirar, como qualquer mortal apaixonado, ele passa horas, até que o cansaço domina-lhe os sentidos e ele entra para dormir, sonhando com Brunilda, a princípio acordado e depois dormindo. Nos seus sonhos, ele e o objeto do seu desejo correm por campos floridos, abraçam-se, trocam carícias, riem e cantam. Ao redor, a beleza exuberante da paisagem...

Zelo Providencial

Inconformado com as decepções que vem sofrendo, quanto à procura da mulher que nunca mais viu e que tanto deseja, Theobaldo ordena a Mateus que saia outra vez a procurá-la.

Depois da saída do seu mordomo, passa o dia inquieto:

"Quem sabe desta vez ele descubra algo mais satisfatório? Mateus tem talento para investigar e descobrir coisas perdidas, pessoas distantes e resolver com alguma facilidade uma gama de assuntos. Parece ter nascido para isso."

Obedecendo, Mateus sai, escolhendo desta vez outros caminhos e outros logradouros.

Após horas de busca, cansado e quase desanimado, ele decide falar novamente ao amigo Cirineu.

Em lá chegando, após os devidos cumprimentos e expressões de amizade, de parte a parte, ouve do amigo que o senhor Wladimir deseja falar ao seu patrão.

Esperançoso, Mateus indaga:

– Diga-me Cirineu, ele conhece a moça em questão?

– Não sei, meu amigo. Sem comentar o fato, ele ordenou que eu lhe dissesse isso, caso você voltasse aqui.

– Meu patrão certamente virá vê-lo!

– Aguarde, meu amigo! Penso que ele não receberá o seu patrão aqui!

– Está certo, aguardarei! Você me avisará?

Cirineu confirma e convida-o para um lanche, mas desta vez

Mateus declina do convite, explicando que seu patrão pode tornar-se furioso com a sua demora.

– Não vale a pena desafiar a sorte, meu amigo!

Assim, ele se despede com um caloroso abraço.

Cirineu informa Wladimir sobre a nova visita de Mateus e este conclui, muito preocupado:

"O fidalgo procura impaciente por Panderva... Compreende-se... Ela é dona de uma beleza notável. Mas ele por certo ignora-lhe a vida itinerante. Se soubesse, não estaria interessado; isso é claro como um dia de sol. Theobaldo é homem sedutor e afeito a conquistas fáceis. Os seus escândalos amorosos são muito comentados.

Tomara, Panderva não se deixe iludir, nem se arrastar para uma vida pior do que aquela que já enfrenta..."

Pensando no filho, conclui:

"Norberto, por sua vez, cativo de amor, terá pela frente barreiras quase insuperáveis, uma vez que sua amada pertence a uma família visceralmente ligada aos interesses dos nossos arquiinimigos. Essa moça jamais será sua mulher, a não ser que fatos inesperados e providenciais se instalem, frustrando as expectativas daqueles que decidem por ela...

Pobre filho, disputado por tantas mulheres, caiu numa esparrela do destino! Imagino o quanto deve estar sofrendo... Como auxiliá-lo? Mais que nunca, precisamos estar atentos e preparados para qualquer eventualidade!"

Wladimir cuida intensamente dos negócios. Ainda que saia de Florença (esta possibilidade aperta o seu coração dolorosamente), continuará a mantê-los legalmente e em outros lugares.

Tem debatido exaustivamente na corte provincial, a respeito de leis que não são cumpridas e de uma justiça que não é exercida como deveria.

Mergulhado profundamente em suas aflições e em seu trabalho, ele não se deu conta de que mais uma vez Norberto há algum tempo o observa, na indecisão de falar-lhe ou não, para não interrompê-lo.

Intuitivo, observa ao redor e surpreende-o ali:

– Entre, meu filho! Quer me falar?

– Sim, caso possa, naturalmente!

– Se aqui não nos falarmos, onde e quando o faremos, filho?

Norberto senta-se à sua frente:

– Já sabe o que fazer ante a situação dominante e vexatória que estamos vivendo?

– Disse muito bem... Vexatória!... Não seria assim, caso nos harmonizássemos com as ideias e os propósitos dos nossos adversários.

– Nós dois jamais faríamos isso!...

– Certamente, não! Penso naqueles que engrossam essas fileiras, muitas vezes por medo, para salvar aquilo que julgam lhes pertencer, a começar por suas próprias vidas.

– Sequer pensam no preço que terão de pagar! Insensatos! Enquanto julgam viver, suicidam-se moralmente!

– Quanto ao seu amor por Brunilda, meu filho, já sabe o que fazer? – Wladimir teme o que vai ouvir.

– Aguardarei cauteloso alguma providência do Alto, como já conversamos, mas estarei atento a qualquer ocasião mais propícia para agir rápido, para tê-la e em segurança! Imagine, meu pai, admirador inconteste dos vates e das musas, de todas as formas elevadas de arte e de cultura, me deparo com uma mulher que me surpreende e preenche todos os meus anseios de homem e de esteta!

Sorrindo, orgulhoso, Wladimir acrescenta:

– Conhecedor reverente de sua alma luminosa, meu filho, me curvo igualmente diante dos encantos desta divina musa!

Comovido, Norberto declara:

– Minha alma entregou-se a este amor!

– Feliz?

– Completamente feliz!

– Haja o que houver, este grande amor compensará as tristezas e as dificuldades do caminho. Assim foi, para mim, a vida com sua saudosa e querida mãe...

Saudoso e reverente, Wladimir faz um pequeno hiato, como se voltasse no espaço e no tempo...

Após alguns momentos, ele conclui:

– Ainda que o destino torça, à nossa revelia, os nossos caminhos, seguiremos a inspiração de nossas almas e a razão que nos é própria, confiando acima de tudo no Criador, que é justo, mas também misericordioso!

– Assim temos vivido, sempre!

– Bons augúrios para o seu amor, Norberto! Espero conhecer brevemente esta mulher que fascinou e prendeu o coração de meu único filho!

– Agradeço-lhe! Quanto à apresentá-la. Se dependesse da minha vontade, ela já estaria aqui em nossa casa.

– Aguardemos, então...

Conversam ainda a respeito de muitas outras coisas que os interessam mais de perto.

*

Apesar das tragédias desse tempo eivado de trevas espessas, homens de virtudes comprovadas e fiéis a Deus desafiaram o mal e a arbitrariedade dos tiranos.

Desapareceram ou foram sacrificados em nome das suas 'blasfêmias e ideias perigosas (desde Sócrates conhecemos os destinos trágicos e luminosos destas estrelas de Deus)".

Apesar dos seus sofrimentos e muitas vezes das suas mortes prematuras, eles nos legaram a faceta de progresso que carregavam em suas mãos como fachos de luz, através da coragem que os caracterizava, culminando não raras vezes em dolorosos testemunhos.

Com eles a humanidade sempre tem contado nos mais diversos setores de vida, em continentes diferenciados, porque foram enviados pelo governador deste planeta que não se encontra esquecido, nem se movimenta ao acaso.

*

Panderva chega e é avisada de que Wladimir precisa lhe falar.

Cheia de esperança, ela aguarda ansiosa a sua chegada. Talvez o seu amigo já saiba algo a respeito da sua origem.

Aceita a boa receptividade, como sempre, e sai algumas vezes para alimentar o seu cãozinho que já se sente dono do espaço, sob a escadaria da rica residência.

As horas parecem se arrastar inexoráveis, enchendo o seu coração de esperanças.

Cirineu e Forbes, que cuidam mais diretamente da menina, imaginam que o assunto em questão não seja aquele que ela imagina, contudo, não podem, nem devem interferir.

Enfim, limpa (como vive atualmente), bem arrumada e muito bela, ela aguarda a hora da entrevista.

O roteiro das suas peregrinações tem diminuído. Aos poucos, modifica os antigos hábitos e torna-se mais calma.

Dividindo o tempo entre as ruas, os seus velhos conhecidos e a vida ali, insurge-se menos com a pobre Forbes, que cansada e cheia de dores de reumatismo nem sempre consegue ter a tolerância que deveria.

No final da tarde, Wladimir chega, cuida de si mesmo, alimenta-se e vai para o seu gabinete, onde requisita a presença de Panderva.

Ao vê-la chegar, convida-a a sentar-se, o que ela faz delicada e ansiosa.

– O gentil-homem deseja falar comigo? – indaga tímida e algo receosa.

– Sim!

Silenciosa, ela aguarda que Wladimir se pronuncie. O que ele faz, enfim:

– Panderva, o que me fez marcar essa entrevista com você não se prende ao que certamente você imagina. Quis lhe falar porque fui informado de que alguém está à sua procura.

– Ora, isso não é possível! Não me meto com ninguém! O senhor sabe disso!

– Sim, eu sei, descanse! Alguém conheceu você por acaso na rua, em determinada situação, e nunca mais voltou a vê-la. Desde então, vivamente interessado, procura por você. O seu mordomo,

Mateus, é amigo de Cirineu e veio aqui saber de informações.

Panderva cora fortemente e abaixa os olhos. Seu coração bate loucamente.

Entendido, Wladimir indaga:

– Recorda alguém?

– Sim! Num dia, no qual eu me deparei com um cortejo tenebroso, conduzido por religiosos que num ritual iriam consumar a tragédia de uma pobre mulher, certamente acusada de algo que ela nem sabia ao certo o que era... Aterrorizada e profundamente condoída, chorei muito e acabei perdendo as forças. Um nobre se aproximou e conversou rapidamente comigo, além de me oferecer o seu lenço para enxugar as minhas lágrimas...

– E o que mais? – Wladimir sente-se inquieto e muito preocupado. Conhece bem Panderva e surpreendeu-lhe um notável constrangimento.

Levantando o rosto, ela responde:

– Nada mais! Ouvi as suas apreciações a respeito do fato em si, mas recusei a sua gentileza e fui embora.

Cada vez mais corada e triste, ela comenta:

– Sei que se ele soubesse a quem se dirigia com tanta fidalguia, isso jamais teria acontecido, pois esse nobre enfatuado teria se desviado de mim, como fazem todos iguais a ele!

– Folgo ao ver que mantém, acima das circunstâncias, pensamentos sábios e prudentes. Pois bem, este nobre quer saber se nós a conhecemos!

Quase em choque, Panderva indaga num fio de voz:

– E o que lhe disseram?

– Nada, minha querida amiga! Sossegue! Bem instruídos por mim, Cirineu e Forbes nada disseram! Antes de tudo, quero saber o que você pensa!

Panderva agradece:

– Muito grata...

– Bem, Panderva, este homem está interessado em você. O que pretende fazer?

Ela responde com outra indagação:

– Por que o mordomo dele veio me procurar justamente aqui?

– Mateus procura por você em toda a cidade! Ele esteve aqui para saber se o seu amigo, Cirineu, sabia de algo. Apenas isso.

– Ah!... Que alívio!

– Pretendo falar com ele, mas não se preocupe! Quero tão somente sondar-lhe as veras intenções e nada mais! Se depender de nós, ele jamais saberá que a conhecemos.

– Agradeço-lhes em nome de Deus!

– Apesar do nosso sigilo, Panderva, mais cedo ou mais tarde ele descobrirá você e quando isso acontecer, o que fará? E mais, o que pensa e sente de fato a respeito dele?

Completamente desconcertada, Panderva sente ímpetos de fugir... Diante deste bom amigo sente-se a descoberto. Não sairá ilesa, ante a sua análise apurada e competente de homem sábio e bom...

Cada vez mais intimidada, ela responde cuidadosa:

– Penso que este é apenas mais um desafio na minha vida, e dos piores!

– Por quê?

– Porque gente como aquele fidalgo não se mistura! Deve olhar a todos de cima, com o nariz empinado! Ainda que eu viva limpa e bem vestida, serei sempre alguém sem nada, que ignora a própria origem, sem paradeiro, sem laços, sem família, e... sem linhagem nobre!

Ela está à beira das lágrimas.

Wladimir sente muita piedade e conclui pesaroso:

"Ela não revela desinteresse... Analisa apenas a impossibilidade... Talvez esteja mais envolvida do que pensa..."

Decidido pela sinceridade, pois jamais deixaria esta pobre moça sem as informações às quais tem direito, aconselha:

– Cara menina, reflita sobre o que sente de fato, antes de ouvir o que tenho a lhe dizer.

Decidida, ela levanta a cabeça, altiva, e pede:

– Pode falar sem cuidados! A vida me ensinou a suportar todo o peso das adversidades e a encarar a verdade! Fale e seja muito sincero, peço-lhe!

Apesar da encenação de coragem, Panderva gostaria de não

estar ali, de não ouvir mais nada... Sabe que as suas loucas ilusões vão perder o colorido e a esperança, assim que o querido amigo desfiar o rosário de informações a respeito daquele que sua alma de mulher 'conhece' há tanto tempo, e mais que isso, ama apaixonadamente ainda e sempre!...

Adivinhando fraternalmente os pensamentos de sua querida amiga, e lamentando-lhe a probabilidade de futuros sofrimentos, Wladimir sabe que não pode deixá-la ir sem avisá-la quanto à provável batalha que terá de enfrentar, da qual ela, somente ela, sairá ferida...

Assim inicia a sua preleção a respeito daquilo que sabe. Nada lhe esconde. Ela merece sinceridade e clareza, assim como faz com todos à sua volta. Além disso, ela é completamente indefesa, diante desse homem vivido e sedutor, num mundo que lhe pertence quase que exclusivamente e diante do qual ela não terá sequer as desejáveis defesas...

Ao terminar, Panderva está triste, ainda que procure disfarçar a sua decepção.

Superando a enorme vontade de chorar, declara:

– Assim o julguei naquele dia... Ele carrega em si o retrato vivo das próprias ações. Tudo nele soa falso e perigoso...

– Como conseguiu analisá-lo tão bem?

– Não o fiz baseada apenas naquela ocasião!

– Então já se conheciam?

– Sim e não!

– Pode explicar melhor?

– Vou tentar! Ao vê-lo ali a fitar-me como fez, 'senti' que já o conhecia, além de saber mais dele do que ele mesmo!

– Com os seus dons?

– Acredito que sim!

– Enfim, Panderva, o que sente por ele?

– Ele me atrai, mas ao mesmo tempo algo em mim o rejeita vivamente, como se ele fosse portador de algum perigo. Quando meus olhos mergulharam nos dele, alguma coisa me remeteu ao passado, num tempo que desconheço, mas que deve ter gerado em minh'alma estes sentimentos de atração e de repulsa. O que mais me espantou, gentil-homem, foi divisar no fundo dos seus olhos a mim mesma e afianço-lhe, aquilo que vi não foi nem louvável nem bonito de se ver!... Mas, se eu procuro me melhorar a cada novo dia, ele infelizmente continua o mesmo! Ai dele, ai de nós!... Enquanto eu escolhi as veredas redentoras, ele preferiu mais uma vez os mesmos caminhos, a fim de retornar aos cenários de poder e de riqueza! Devemos nos afastar, a não ser que Deus queira nos provar!...

Panderva alheou-se e fala quase para si mesma. Sua voz vai ficando cada vez mais sumida... A dor que sente é legítima e lhe sobe da alma boa ao coração e nervos superexcitados, mergulhados em sensações que transcendem a realidade presente.

– Panderva, você me surpreende, sempre! Admiro essa perspicácia tão refinada em você! Enfim, o que decide?

Sincera, ela responde:

– Faça como quiser. Sei que fará sempre o melhor! O gentil-homem é bom além de ser muito sábio!

– Grato! Farei o que for possível para protegê-la!

A moça se levanta, faz uma pequena inclinação de cabeça saudando-o respeitosa e dispara porta afora.

Passa por Cirineu, que mal consegue falar-lhe, e corre desabaladamente rumo ao seu 'lugar', junto àqueles que vivem como ela – sem destino, sem origem, e sem esperanças...

Wladimir fica em suspenso. Compreendeu lamentavelmente que ela luta contra uma antiga afeição, que atravessando o tempo instalou-se de novo em sua nova existência, para futuras experiências.

"Seu futuro, cara menina, é uma grande incógnita! Que Deus a proteja, pois eu mesmo não consigo imaginar como isso se desenrolará daqui em diante!" – conclui.

Ensimesmado, ele vê Cirineu aparecer na porta a indagar sem palavras o porquê da saída precipitada da moça.

– Não se preocupe, Cirineu! Ela precisa de tempo para pensar. Quando estiver melhor voltará. Descanse! Aqui ela tem um porto seguro! Aguarde um pouco, vou escrever um bilhete que você deverá levar o quanto antes!

Wladimir escreve marcando um encontro na corte provincial com Theobaldo.

– Leve isto a Mateus e quanto à Panderva, sejam muito discretos! Que não venhamos a ser instrumentos de tortura para ela. Afinal, Panderva já tem experimentado suficientemente o lado ruim da vida!

Cirineu concorda e sai com a missiva.

Ao passar por Forbes, transmite-lhe a recomendação do patrão.

Wladimir continua refletindo a respeito de Theobaldo:

"Assim como o lobo segue a trilha de sua presa, esse homem a perseguirá, obstinado, por onde quer que seja, e Panderva, boa, carente de amor e ligada a ele desde antes, será uma presa fácil..."

Ao ver sua dona sair correndo, o cãozinho se precipita ao seu encalço.

Chegando ao seu lugar preferido, Panderva se acomoda como pode e abraça o animalzinho, que lhe faz festinhas.

Ao saber do ocorrido, Norberto reforça junto ao pai a urgência em investigar as origens de Panderva, pois naquela ou em qualquer outra circunstância ela estará sempre em grande desvantagem.

Enfim, todos buscam o repouso da noite, inclusive a moça que se arranja como pode. Aconchegada ao seu querido 'amigo', em poucos minutos ela dorme e sonha que está no seu castelo e ali reina poderosa e absoluta...

(Oh, querido espírito! Enquanto isso lhe servir de consolo e suporte para as provas atuais, louvado seja o Criador, porém, que não sirva apenas para iludir de novo sua alma sedenta de transformação!...)

Obsessão...

Os obstáculos que Wladimir e seu filho enfrentam avolumam-se, tornando-se insuportáveis.

Aqueles que visam à perdição de ambos fazem pressão, espraiando-a por todos os departamentos da corte provincial, numa tétrica rede.

O terreno sólido de antes, hoje é areia movediça.

Esses desafios prenunciam! Não há como duvidar de um triste epílogo.

Urge decidir aquilo que deve ser feito em tempo hábil, antes que seja tarde demais!...

Aristófanes ali é presença constante e atuante. Antes, aparecia eventualmente para se impor e avaliar tudo, com seu olhar de rapina junto ao poder que representa.

Figura assustadora e devidamente autorizada pela Igreja e pelo Estado, ardiloso e cruel, ele persegue obstinadamente àqueles que ali trabalham, mas não se harmonizam como deveriam e, mais que isso, reagem contra a ordem e as leis que possuem as suas 'variantes' para se adequarem aos diferentes interesses e manter a ordem.

Pessoalmente, Wladimir e Norberto são os que mais o incomodam, contudo, sua sanha em persegui-los possui hoje outro agravante:

Amigo e comensal na casa do barão, Aristófanes carrega em seu sombrio coração outro motivo, muito particular, pois ao conhecer Brunilda, dona de uma exuberante beleza nórdica, além de ser também – oh!, sorte! – única herdeira do barão Odorico Von Braun, experimentou um desejo incontido de conquistá-la.

Para tê-la e tudo o mais que virá com ela, usará todos os recursos que possui, além dos expedientes que conhece e que pratica como ninguém.

Não é por acaso que à sua proximidade, muitos estremecem de medo.

De qualquer modo, afastará os outros pretendentes, principalmente o filho de Wladimir Vladosk, o qual não consegue esquecer nem suportar.

Conclui enfurecido que Norberto e seu pai estão quase sempre em seu caminho!... Impossível ignorar que algum estranho sortilégio os aproxima, como se estivessem fatalmente ligados. Contudo, não teme a rivalidade de Norberto. Confia no próprio poder e nos privilégios de que desfruta. Vive atento a tudo aquilo que possa ameaçar as suas pretensões amorosas, e nesse patamar, Norberto é o seu primeiro alvo.

Recosta-se, confortável, e pensa:

"Já nos demoramos demais para a realização do nosso desiderato! O quanto me custa controlar-me!... Já tecemos uma rede apropriada e esses dois peixes, nem tão importantes o quanto julgam ser, serão enfim recolhidos para percorrerem caminhos que sequer podem imaginar!... Frente a frente com eles, um de cada vez, naturalmente terei um imenso gozo em ouvi-los rogar por misericórdia, sem concedê-la jamais! Ah!... Os planos que tenho para vocês!... Nem o senhor dos infernos poderá imaginar!... Realizarei um antigo desejo e o farei com requintes inimagináveis!..."

Nesses pensares, ele sequer recorda Aquele que diz representar e que lê nos corações como num livro aberto.

Hoje, mais furioso que antes, pela urgência de determinadas ações que já se arrastam, foi informado sobre a visita de um alto administrador que detém em suas mãos ávidas os dois poderes mais altos da atualidade: o civil e o religioso; e da urgência em preparar com muito luxo, reverência e zelo a sua recepção.

Esta autoridade inquestionável chegará enfim modificando o contexto habitual dos diversos níveis de interesses, sejam eles quais forem.

A simples menção do seu nome agita e faz calar, anulando as intenções e os objetivos de qualquer um.

Nem mesmo Aristófanes poderá ignorar as ordens recebidas diretamente do 'comando maior', que assim como esta inoportuna visita, tem as cartas nas mãos e domina, sempre e de qualquer modo este jogo, onde quer que ele se instale.

Diante dessa situação, os planos tão bem elaborados e maturados terão de esperar ocasião mais adequada.

Ninguém sabe como serão os próximos dias.

À cidade resta simplesmente recepcioná-lo com fidalguia ímpar e colocar-se à sua disposição, sem exigências, sem reservas e com servilidade. Um passo em falso e...

A sua posição hierárquica e o mistério que o envolve supõe uma ligação estreita com os mais altos poderes.

Assim como as surpresas fazem parte da vida de qualquer um, esta modificará muita coisa em Florença.

Por essa razão, todos recuam ardilosos.

O saldo positivo é que aqueles que estão a braços com as dificuldades criadas pelos poderes políticos e religiosos, naquilo que estes possuem de pior, terão mais tempo para agir e organizar as próprias defesas. O que vale também para Wladimir e seu filho.

No ambiente luxuoso e mal iluminado onde se encontra, Aristófanes prossegue mergulhado em suas sombrias elucubrações.

Levanta-se inquieto e caminha a passos largos pelo amplo salão, enquanto pensa, pensa, parando de vez em quando para sussurrar algo que apenas ele consegue entender e reiniciar a caminhada.

Leva a mão à espada que pende de sua cintura e aperta-a, convulsivo:

"Ah, se aqueles que estão sob a minha mira soubessem, sequer dormiriam!... Diógenes já foi exemplarmente castigado, pagando-me com juros aquilo que me devia! Nunca mais ele atravessará o meu caminho!"

Misturando pensamentos e intenções, reflete sobre o seu mais caro interesse:

"Conquistarei a confiança do barão e terei a mão daquele alfenim!... Meus olhos nunca pousaram antes sobre tanta beleza! Afastem-se rivais idiotas, porque eu estou na liça! Diante de tanto esforço para conduzir este mundo, nós, os representantes mais diretos da divindade, podemos e merecemos tudo, pois esse compromisso de preservar, manter e enriquecer a Santa Madre Igreja nos consome!... É justo que sejamos os primeiros aquinhoados com as graças da terra e dos céus!

Infelizes daqueles que nos desafiam, pois iluminarão o mundo na consumação das suas carnes, nos rituais sagrados para a purificação das suas almas!

Há que exemplificar, pois personalidades afoitas e imprudentes surgem de todos os lados, até mesmo do seio das nossas mais sagradas instituições!..."

Mergulhado nos seus sinistros pensamentos, ora ele ensombra as feições, ora sorri satisfeito ou ainda desata em sonoras gargalhadas que fazem qualquer um fugir das proximidades.

A tarde caminha e aos poucos o sol brilhante se põe.

Aristófanes admira-se a si mesmo e a própria ostentação.

Suas vestes lhe caem muito bem, com luxo invejável; suas joias que reluzem à claridade que ainda penetra pelos vitrais coloridos são verdadeiras obras de arte; seu porte é altivo; seu corpo bem proporcionado. Afeito aos esportes e às lutas corporais, reconhece também que seus traços fisionômicos são muito atraentes.

"As mulheres que o digam! Por onde passo surpreendo-lhes os olhares cúpidos e os suspiros, que por si só já lhes valeriam penitências eternas!..."

(Este homem fará qualquer coisa para manter-se na posição que ocupa e continuar usufruindo as vantagens que já alcançou.)

Por instantes fugidios, Aristófanes se remexe, algo incomodado. A própria vida e o céu que diz representar mais cedo ou mais tarde lhe pedirão contas!...

E como será? O inferno com o qual ameaça a tantos existirá

de fato, e quando chegar a sua hora, abrirá suas portas para ele?! Como saber?!

Já se perdeu em tantas suposições sacramentadas e oferecidas como verdades!

Os dogmas desafiam a todos e as fogueiras do santo Ofício, o qual representa com vaidade e muita competência, faz vítimas sem conta...

Quando chegará a sua vez de enfrentar também o 'julgamento final'?

Não é nem nunca foi tolo. Sabe que se beneficia e é cúmplice de um reinado artificial, arbitrário e cruel.É um estudioso, conhece as diferentes ciências (assim, consegue, manipulá-las) e através da lógica e de deduções, conhece a vida e o mundo... Aquilo que ignora, pode adivinhar.

Sedimentou a própria existência na mentira, na traição e no crime. A isso já estava acostumado desde os verdes anos. Aqueles que o criaram deram-lhe códigos destorcidos, nos quais estruturou a própria vida.

Odeia e inveja visceralmente Wladimir e seu filho, pois eles, assim como outros, representam aquilo que ele mesmo poderia ter sido e nunca foi.

Pensamentos inusitados, contudo, não raras vezes o alcançam como agora:

"E quanto tudo terminar, Aristófanes? Quem herdará aquilo que amealhou vendendo a própria alma? Tudo ficará à mercê daqueles que sobrarem ou lhe será tirado ainda em vida, numa trama do destino, daquelas que surpreende a tantos todos os dias!... O mesmo sistema que dá arrebata, sem explicações ou defesas!...

Como esquecer que ninguém jamais levou aquilo que pensava possuir? E os seus bens, Aristófanes, de onde vieram?"

Balança a cabeça e olha ao redor, mas a voz que parece falar dentro dele mesmo, dizendo-lhe coisas que não suporta ouvir, alteia-se e agora fala com ênfase, ecoando sonoramente em todo o ambiente:

– Quando chegar o seu dia, Aristófanes, você receberá as suas recompensas, pois nós estaremos aqui, aguardando-o para premiá-lo com as devidas honras!

Transtornado, ele impreca:

– Por todos os demônios! Quem está aí? – esquadrinha, olhos coruscantes, todos os recantos, furioso e agitadíssimo.

– Quem se atreve a me falar desse jeito? E que sombras são essas?! Saiam! Fora! Fora!... – esbaforido, ele tenta expulsar do ambiente algo que somente ele consegue ver...

Nesse momento os sinos tocam, lúgubres, e ele se apressa a persignar-se...

De onde saíra aquela voz?... Quem tivera a audácia?...

Sai para o corredor sombrio e extenso.

Ali, em poucos minutos, surge um grupo de noviços entoando cânticos.

Barrando-lhes o caminho, em postura de ataque e defesa, ele indaga com voz estrondosa e impositiva:

– Quem falou alto, aqui próximo à porta?

Eles se entreolham, indagando-se em silêncio o porquê da indagação.

– Senhor, nós chegamos agora e nos dirigimos à capela do Santíssimo!

Sem palavras, Aristófanes não encontra explicações plausíveis.

Numa reverência silenciosa o grupo se afasta, sem compreender as atitudes daquele superior.

Aristófanes regressa ao mesmo lugar de antes, mas não consegue se acalmar.

Sua alma é um caos, seus pensamentos desencontrados...

A ENTREVISTA

MUITO ANSIOSO, THEOBALDO comparece à corte provincial.

Wladimir lhe faz um sinal para aproximar-se e acomodar-se à sua frente.

Analisando o ambiente, senta-se e declara:

– Muito bem! Aqui estou!

– Agradeço-lhe a pontualidade! Permita-me apenas mais alguns instantes!

– Não vim para vê-lo trabalhar!

Ignorando-lhe a impaciência, Wladimir chama:

– Desidério!

Um funcionário bem apessoado e de feições agradáveis entra e recebe das mãos de Wladimir um maço de papéis e documentos assinados e selados oficialmente.

Fazendo uma pequena reverência, Desidério se vai.

A um sinal de Wladimir, ele fecha a porta.

– Agora nós, senhor Theobaldo! Faz alguma ideia quanto ao meu convite?

– Sim! Espero que tenha alguma informação a respeito da pessoa que procuro!

– Em verdade, marquei esta entrevista por curiosidade.

– ?!...

– Eu lhe explico. Quando fui informado que o seu mordomo esteve em minha casa à procura de alguém que lhe interessa, desejei saber as razões.

Wladimir quer sondar até que ponto ele sabe ou ignora a respeito de Panderva.

Atônito, Theobaldo silencia, considerando uma grande ousadia de Wladimir convocá-lo para nada.

Em patente fúria, torna-se violáceo.

Num leve sorriso que o exaspera, Wladimir confirma-lhe o caráter violento.

Levantando-se de chofre, ele inquire:

– Me chamou apenas para isso?!

– Por quê? O senhor não acha justa a minha curiosidade?

Theobaldo balança entre a vontade de sair dali e ficar para ouvi-lo.

– Seria de bom alvitre que respondesse à minha indagação! E, caso se acalme e não esqueça que somos cavalheiros que prezam a boa educação, poderemos conversar. Afinal, exerço uma atividade que me permite conhecer muita gente!

Theobaldo senta-se de novo e muito contrariado explica-se:

– Mateus foi até lá, como foi a muitos outros lugares, à procura de informações!

– Entendi... Contudo, caro conde, em minha casa, as mulheres são aquelas que representam o corpo de serviço, além dos criados homens. Sabe o nome da pessoa em questão?

– Infelizmente, não! Por isso as dificuldades.

– Pode ao menos descrevê-la?

– Tentarei...

Ele narra o encontro casual, enquanto enaltece a beleza e a presença dominadora da mulher que procura vivamente interessado.

Wladimir conclui, por tudo que ouviu, que ele fala de Panderva.

– Bem... Sem algum ponto de referência mais específico, não tenho como encontrá-la. Assim sendo, o senhor conta apenas com a sorte!

– Esta conversa está ficando muito vaga!

Fingindo isenção de ânimo, Wladimir indaga-lhe ainda:

– Caso a encontre, o que pretende? Seu interesse é notável!

Profundamente revoltado, Theobaldo reage:

– Quem lhe deu o direito de inquirir-me? E pode me dizer, por sua vez, qual é o seu interesse?

– Aquele que prescreve a boa educação e a fidalguia para com qualquer mulher, senhor Theobaldo!

Batendo palmas e curvando-se, nos maneirismos da nobreza cavalheiresca, Theobaldo ironiza:

– Bravo, bravo! O senhor realmente faz belos discursos! Todavia, espero nunca precisar da sua atuação em minha defesa; defesa esta bastante duvidosa, porque recheada de moralismos ridículos e pueris!...

– Não lhe falo de moralismos, caro senhor, mas de moralidade! Talvez, apesar do seu poder, desconheça a distância que existe entre estes dois qualificativos! E quanto ao ridículo, podemos vê-lo de sobejo na prepotência das pessoas que, assim como o senhor, julgam-se acima de tudo e de todos e se dão a todos os direitos sem problemas de consciência!

– Hum... Estou inclinado a pensar que o senhor conhece a dama em questão! Se assim não fosse, por que a defesa apaixonada?

Wladimir comprova que está diante de uma raposa muito astuta.

– Diante de uma procura tão dedicada, concluo que a mulher em questão deve interessá-lo vivamente!

– Pode ser! E daí? – Theobaldo desafia-o, algo debochado.

– Se assim o deseja, vamos lá! De fato, ainda que não conheça aquela a quem procura, concluo que ela precise de defesa, principalmente de Deus!

– Explique-se melhor! – Theobaldo diz isso levantando-se e quase a atirar-se sobre Wladimir, que prossegue na mesma aparente calma.

– Farei isso e com prazer! Não espera que em Florença o respeito e a discrição sejam exercitados em cada esquina, pois não? Os atos de qualquer um são proclamados aos quatro ventos: no boca a boca, nos salões, nas mansardas, nos mercados, nas cozinhas, nas tabernas, e nos bordéis, e o senhor conde Theobaldo de Vila D´Oro não sairia impune! Portanto, sei a quem falo, por isso, poupe-me de maiores explicações para justificar a piedade que sinto daquela que venha a interessá-lo!

Bufando como um touro bravio, Theobaldo retruca agressivo:

– Ora! Afinal fui convidado para ser insultado? Atente para a minha posição e não me faça perder tempo com as suas filosofias baratas! Eu, diferente do senhor, recebi da vida o privilégio de ser um nobre de nascença. Por isso, não preciso do senhor nem de ninguém! Arre! Que perda de tempo! Eu jamais deveria ter vindo aqui!...

Assim dizendo, Theobaldo vira-lhe as costas e se dirige para a saída.

Elevando a voz, contudo, Wladimir aconselha:

– Não aposte nisso! Homens como o senhor são os que mais precisam da lei!

Voltando-se, furioso, ele desafia:

– Esquece que nós podemos usá-la como desejarmos ou até mesmo ignorá-la?

– Infelizmente, não! Conheço, de sobejo, 'estas práticas'! Enfim, cada um escolhe os próprios caminhos e também constrói o próprio futuro, frágil como um castelo de cartas!

– Certamente não fala de mim, mas do senhor e daqueles que no mesmo patamar vivem ao rés do chão e nele são pisoteados!

– Não, senhor conde, falo de fato e de direito de homens como o senhor! E aqui, neste instante, posso dizer-lhe, caso ignore, que suas declarações depõem perigosamente contra a sua pessoa!

– Agora usa de sinceridade! Atraiu-me para prejudicar-me, não foi assim? Posso ao menos saber as razões para estas acusações descabidas?

– Que acusações? O senhor não está num tribunal! Estamos apenas conversando e trocando ideias, esqueceu? Por que razão eu o atrairia para prejudicá-lo? Mal o conheço e aquilo que sei é amplamente sabido por todos! Armadilhas não fazem parte do meu *modus operandi!* Minha primeira intenção foi a de saber as razões por que enviou o seu mordomo à minha casa, como já lhe disse! O mais decorre da sua postura insensata, de desrespeito e de agressividade! Deixe-me dizer-lhe ainda que títulos de nobreza como o seu, herdados ao nascer ou adquiridos a poder de ouro, nem sempre caminham juntos com aqueles que de fato distinguem o bom cidadão do mau cidadão, e quase todos carregam tristes histórias de vida e de morte!

Brasões e heráldicas não são direitos inalienáveis de ninguém, pois mudam de mãos ao sabor da sorte e das diferentes épocas!

Fitando-o firme e aparentemente calmo, Wladimir dá a entender que a desastrada entrevista terminou.

Mudo de ódio, Theobaldo fixa o seu opositor e intimamente jamais desejaria enfrentá-lo num tribunal:

"Este gentil-homem, cidadão exemplar, é de fato e de direito tudo aquilo que já fez a sua fama em Florença! Ele sabe quem é e o quanto vale!..."

Enquanto ele chega às próprias conclusões, Wladimir aguarda silencioso que ele se vá.

Caso fosse o pai de Panderva (e assim se sente, de coração...) este finório jamais se aproximaria dela. Contudo, só o tempo dirá, ante as escolhas que ela mesma fará, como pessoa livre e inteligente que é.

Pensando no quanto há ainda por fazer, indaga:

– Algo mais, senhor Theobaldo?

Furioso, Theobaldo se dirige à saída. Antes de completar a intenção, porém, volta-se, ensaia um pronunciamento que fica no ar e desiste.

Este que tem pela frente é imbatível, não adianta falar-lhe ou sequer replicar a respeito do que quer que seja... Odeia isto!...

Pisando forte e ruidoso se distancia, enquanto em sua alma inquieta, orgulhosa e má, planeja uma revanche. Ninguém que ouse ofender-lhe os brios fica impune!

Wladimir arruma alguns papéis dispondo-os nas gavetas, tranca-as, cuidadoso, apanha a capa e o chapéu e se vai.

De coração opresso, a caminho de casa, conclui tristemente que Panderva corre um grande perigo, caso seja ela mesma aquela a quem Theobaldo procura.

Olhando para fora do veículo, surpreende um grupo curioso e colorido de saltimbancos.

Ruidosos, alegres, dançando ao som de flautas, maracas, pandeiros, sinos e pífaros, e em meio a saltos mirabolantes e gestos de reverência ao público casual, naquela bela praça de Florença eles apregoam os seus espetáculos.

Atiram ao ar folhetos com desenhos divertidos e com informações sobre o grupo e espalham um pó colorido e perfumado sobre os passantes, fazendo malabarismos e piruetas incríveis a alegrar crianças, jovens e velhos...

Depois de agradáveis e hilariantes peripécias, eles se reúnem novamente e seguem rumo a outros logradouros. Antes requisitam água, dinheiro e guloseimas.

Quando conseguem, agradecem com reverências exageradas que somente eles sabem fazer.

Sorrindo e sentindo as boas intenções daqueles que, enquanto lutam pela sobrevivência exercitam os seus talentos e alegram corações, Wladimir ordena ao seu cocheiro que os recompense sem economizar. Fortalecidos em seus sonhos e reverentes às diversas formas de arte, eles enfrentam todas as agruras da vida sem perder o entusiasmo.

Atentos, alguns perceberam a sua manobra gentil.

Aproximam-se da janela do coche e se esmeram em tiradas engraçadas, fazendo-o rir com muito gosto.

Grato a todos eles, Wladimir saúda-os e segue o seu caminho.

Admira essa gente, com muita emoção...

Não desdenha absolutamente a vontade bem escondida no fundo do coração de viver a mesma experiência, numa vida itinerante, sem muitos laços, e apesar das tristezas que alcançam qualquer mortal, manter a despeito de tudo um compromisso perene com a felicidade!...

"Quando fui um humilde trabalhador braçal, e as dores físicas me dominavam, fazendo-me arcar sob o peso da 'minha cruz', não fui infeliz; carregava os anseios de futuro para as realizações que alcancei, por mercê de Deus, no meu esforço constante...

Mas há um tempo certo para cada propósito debaixo do céu, como nos disse o salmista!..."[4]

4 Eclesiastes 3.1. (N.E.)

Enquanto o veículo balança, pensa que logo estará em casa; seu refúgio, seu espaço sagrado:

"Todos deveriam ter o 'seu refúgio', todos! Um dia, um dia! O futuro dará conta e será testemunha de muitas mudanças e imporá, à revelia daqueles que julgam tudo dominar, o legítimo progresso! Para isso o tempo existe, constante e incontrolável, perene e senhor de si. Quanta bondade do poder divino, ao conceder-nos tantas oportunidades aqui ou em outras moradas celestes!...

Pertenci aos reinos da Natureza nos seus diversos níveis de criação, milhares de vezes... Hoje, pertenço à ordem dos humanos, responsáveis por si mesmos e pelos destinos do mundo!...

Graças, Criador! Centelha divina em nós!..."

Dom Anastácio

À SUA CHEGADA, as habituais formalidades acontecem, além dos exageros daqueles que procuram incensá-lo desde o primeiro momento.

Arrogante e em trajes luxuosos que denunciam-lhe a hierarquia e o poder, dom Anastácio observa tudo como uma harpia.

Acompanhado de uma grande quantidade de prelados, soldados e serviçais, ele adentra a cidade como um César.

Qualquer ação ou atitude, por mais imperceptível que pareça, não lhe escapa.

O povo, aglomerado e agitando-se ao redor se diverte, não apenas com o colorido e o luxo, mas por surpreender, zombeteiro, a servilidade daqueles que habitualmente os sufoca e despreza. Ali dobram a cerviz, numa pantomima improvisada e hilariante.

Cansada e mal-humorada, a personalidade em questão menospreza os rapapés que lhe dirigem, mas certamente os puniria, caso não o fizessem.

Assim, sua figura adornada e colorida se impõe a todos, civis e religiosos (tão amalgamados, que são vistos como um único poder).

Em momentos como esses, aqueles que habitualmente dominam inclinam-se diante de uma vontade maior e se submetem como cordeirinhos. (Oh, a hipocrisia humana!)

Um banquete foi organizado com todos os requintes exigidos para recepcioná-lo e noite adentro, visitantes, convidados e os representantes dos poderes citadinos se congraçam, ainda que tenham ideias radicalmente opostas.

Assim, a despeito de qualquer outra vontade, há uma trégua nos diferentes interesses.

As autoridades civis e religiosas fizeram-se acompanhar dos seus parentes na efeméride, a exibirem vaidosos aquilo que possuem de mais pomposo.

Como seria de esperar, o barão e sua filha estão em lugar de destaque.

Discursos e louvores infundados são levados a efeito, aborrecendo e cansando até mesmo aqueles a quem as honras são dirigidas.

O incensar e fazer-se visível é uma necessidade, afinal oportunidades como estas não podem ser menosprezadas!

Criados e serviçais, numerosos, mal chegam para servir tanta gente.

Os cofres públicos, naturalmente, arcaram com a maior parte das despesas, somadas 'às generosas doações' da Igreja e de alguns cidadãos de Florença, interessados em fazer-se notar.

Wladimir e Norberto, constrangidos e profundamente contrariados, ali estão. Suas posições altamente representativas os impedem de se furtarem à exigência social, mormente agora, quando suas ausências podem ser rotuladas facilmente como ofensas.

Ao vê-los, o barão não consegue disfarçar o seu desagrado. Toma rapidamente providências para cercear a liberdade da filha, mantendo-a sob severa vigilância.

Juntos e distanciados da balbúrdia predominante, pai e filho fazem a parte que lhes cabe, assim como tantos outros que, uma vez ali, passam pela mesma contrariedade.

Depois de algumas horas de comemorações e homenagens, alguns se excedem, movidos pelo excesso das bebidas que são servidas fartamente.

Aqui e ali, já irrompem desentendimentos e excessos de toda a sorte, mesmo entre aqueles que diante do povo diuturnamente passam por santos.

Ante o desequilíbrio que aos poucos se instala, pai e filho saúdam, discretos, os mais próximos e se vão.

Na volta, Norberto não disfarça a sua frustração. Há algum tempo não logra aproximar-se daquela que é a razão do seu viver.

Almeja ser feliz ao lado da mulher amada, mas entre a intenção e a concretização do seu desejo, existe uma razoável distância que importa medir com prudência.

Para vencer barreiras é preciso articular ações cuidadosas, pois Brunilda será a primeira vítima da fúria paterna.

O barão não está absolutamente interessado nos sentimentos da filha. Diante do óbvio, Wladimir se furta a fazer qualquer comentário. Norberto saberá o que fazer, quando e como:

"O mundo exige muito dos que amam, principalmente nos dias que correm, ante a realidade presente..."

Enquanto reflete, balançando-se nos movimentos que o veículo faz, Wladimir cochila.

Chegam, por fim, silenciosos. Não há muito a dizer.

Cumprimentam-se afáveis e cada qual segue, rumo aos seus interesses mais urgentes.

Brunilda, por sua vez, lamenta pesarosa a distância criada pelas circunstâncias entre ela e Norberto. Ama deveras o rapaz, mas seu pai já ameaçou enviá-la para um convento distante, sob os cuidados e a vigilância de pessoas de sua confiança, até que ela 'crie juízo' e obedeça a voz da razão. Diante disso, o que fazer? O perigo ronda os seus passos e muito mais os de Norberto.

Nas raras ocasiões em que se falaram, confirmaram-se, para a ventura do seu coração, interesses recíprocos.

Seu pai, contudo, não se deterá, nem diante dos seus sentimentos, nem mesmo frente à sua segurança.

O que diria Norberto, se soubesse que ela já foi espancada pelo pai? Dessas ocasiões, ficaram cicatrizes físicas e morais.

Muitas vezes, nem mesmo com Mina, sua ama, ela consegue sair de casa, mas haja o que houver, jamais desistirá de Norberto. Sem ele, sua vida não terá sentido.

Enquanto ela pensa concentrada, uma serva desmancha-lhe os longos e dourados cabelos que lhe caem feito cascatas cobrindo-a.

Depois dos cuidados que precedem o repouso noturno, em roupas de dormir, ela admira a lua no seu curso; ora brilhante e prateada a fascinar com a sua luz, ora escondendo-se por entre as nuvens, discreta...

Fecha os olhos, pensa em Norberto e revê apaixonada e amorosa a sua imagem. Por fim entrega-se ao sono.

Enquanto isso, Norberto revira-se no leito, inquieto e insone.

"O que fazer para realizar o seu mais caro anseio?" – pensa.

A FILHA QUERIDA

MINERVA INVESTIGA OS passos de Panderva, sua 'amada filha', como ela diz entre lágrimas àqueles que encontra nessa busca que traz intenções bem definidas.

Peregrinando pela cidade à cata de oportunidades de sobrevivência, visa sempre benefícios que jamais fez por merecer e privilégios impensáveis. Para tanto, usa talentos de atriz fracassada e está sempre pronta a encenar a farsa mais conveniente.

Nunca mais viu Panderva, desde a sua fuga. Agora porém precisa encontrá-la a todo custo.

Há alguns dias, caminhando incansavelmente por Florença, reencontrou e reatou velhas amizades.

Desse modo, conversa vai, conversa vem, ela ouviu um boato sobre determinada mulher, de família nobre e rica que, doente de um mal incurável, procura por alguém que lhe é muito caro. Quando soube quem iniciara o boato, procurou-a para saber mais. Expansividades de parte a parte, mas desconfiadas uma da outra como sempre, ela e Berenice acabaram se entendendo, afinal.

Cada vez mais entusiasmadas com aquilo que têm vivido, as duas narram as próprias peripécias, o que fez com que Berenice acabasse confessando algo que deixou Minerva 'de orelha em pé':

Há alguns anos, ela deixara um recém-nascido num recanto miserável, por ordem da própria mãe, declarando que pretendia resgatá-lo durante a noite, mas voltando ao local, a criança já não estava mais lá.

Já desconfiada, Minerva quis saber mais:

– Para que, Berenice, você queria o bebê?

– Para entregar à minha família!

– Sua família aprovaria a sua intenção?

– Certamente, quando eu explicasse que mais tarde nós poderíamos 'cobrar' da mãe a conta de um passado vergonhoso! Naturalmente, os gastos excederiam em muito aquilo que ela pudesse imaginar! E, desta forma, nós tiraríamos os pés da lama!

Suspirando, lamentou:

– Mas, o acaso decidiu diferente e nunca mais eu soube daquela criança!... Hoje, a mãe que está muito doente, cheia de remorsos, roga a todos os santos a alegria de saber o paradeiro da filha!

Maquiavélica como sempre, Minerva viu rapidamente uma boa oportunidade de se dar bem:

– Você trabalhou muitos anos para os condes Alencar Nogueira. É da arrogante condessinha Carlota que você está falando?

– Exatamente! A família já gastou rios de dinheiro à procura da enjeitadinha! E eu que naquele dia fui incumbida de abandonar aquele pacotinho chorão em qualquer lugar, desde que fosse longe, e que tinha planos de futuro, fiquei a ver navios! A vida é muito injusta!

– Certamente é! Você recorda a data em que isso se deu?

– Sim! – Berenice lhe diz onde, quando, e como ela deixou a criança.

Minerva rapidamente concluiu que aquele 'pacotinho' era sua 'querida filha', Panderva:

"Ora, ora, como a vida é cheia de artimanhas! Esse tesouro veio cair bem nas minhas mãos e ignorei isso por tantos anos! Boa vida, aqui vou eu! Panderva não vai me negar essa bela oportunidade de ser rica! Ela que se atreva a esquecer aquilo que me deve!... Por isso, ela era tão rebelde! O seu sangue falava mais alto!... Nem em fazer alguns 'servicinhos' que lhe seriam tão fáceis ela concordou! Preciso encontrá-la, urgente!..."

– Você está bem, Minerva? – a outra indagou, diante da reação silenciosa da amiga.

– Nunca estive tão bem, Berenice! Nunca estive tão bem,

acredite! Bem, preciso ir! Passe bem!

Apressada, ela deixou a amiga para trás.

Sabendo, desde antes, o endereço da citada família, Minerva passou a procurá-la. Contudo, haviam se mudado para um lugar mais distante.

Com algum esforço e muitas mentiras, conseguiu o novo endereço.

Determinada, chegou à residência e teve acesso ao conde Fernando, ao qual garantiu que conhecia a sua neta e sabia onde ela se encontrava.

Radiante, ele lhe prometeu vantagens, além de uma rica recompensa.

Como ignora o paradeiro de Panderva, Minerva pede algum tempo e o avisa:

– Esteja prevenido, senhor conde, pois eu lhe pedirei uma soma considerável! Afinal, sou pobre como Jó! O senhor me entende, não é? – ela revira os olhos e exibe uma feição muito triste.

Ainda que surpreendesse naquela mulher a falta de sinceridade e o perigo que representa, ele lhe respondeu:

– Certamente entendo! Traga minha neta e não se arrependerá, garanto-lhe!

– Então estamos acertados! Aguarde!

Cirineu, uma vez no mercado, enquanto escolhia frutas, ouviu uma estranha conversa entre duas amigas.

Uma delas era Berenice, que de língua solta como sempre, contava as mesmas novidades que contara à Minerva, acrescentando:

– Faz alguns dias, eu reencontrei minha amiga, Minerva, depois de tanto tempo! Ela me pareceu muito bem! Certamente, aquela hiena fareja por aqui alguma vantagem!... Hum... Ela me pareceu interessada demais no fato que acabo de lhe contar... Será que ela conhece o bebê? Afinal, ela criou uma menina que todos conhecemos!

– Panderva! – a outra acrescenta. – E que boa moça aquela! Nem parecia filha daquela bruxa!

Numa expressão enigmática, Berenice completou:

– Talvez não fosse, talvez não fosse!... – e mais não disse. Arrumou as suas compras e se foi, muito pensativa.

Nunca Cirineu levara tanto tempo para escolher aquilo que pretendia comprar. Disfarçando, ouvira a conversa do princípio ao fim.

Uma vez em casa, contou tudo ao seu patrão.

– Excelente, Cirineu! Deus nos favorece, como sempre! Diante deste novo fato, será mais fácil investigar a origem de Panderva. Esteja atento e avise a Forbes também! Conhecemos muito bem através das narrativas de Panderva essa mulher! Avise-a, ela precisa se proteger!

– Sim, senhor!

Os conflitos íntimos de Norberto aumentam a cada novo dia.

Já ganhou terreno no coração da bela germânica e não medirá esforços para tê-la. Não é o primeiro e nem será o último casal a sofrer represálias, simplesmente por amar acima das convenções humanas.

Histórias de amor muitas vezes são trágicas, mas impossível impedir dois corações de se atraírem poderosamente. Seria tentar represar as águas do oceano.

Se a vida lhe exigir essa renúncia, que triste destino será o seu!... Viverá, caso sobreviva, apenas pela força das circunstâncias!

Atualmente, fazendo uso de mil artimanhas e com o auxílio de Percival, os enamorados têm se encontrado algumas vezes.

Nesse momento, abraçados e profundamente envolvidos nas mesmas emoções, eles trocam juras de amor, esquecidos do mundo e das barreiras reais que podem separá-los.

A amiga Lúcia, que favorece Brunilda nestas escapadas, no momento colhe belíssimas flores em duas cestas.

À noite, o barão estará recebendo nos seus salões a nata da sociedade.

Beijando-a, apaixonado e completamente entregue às próprias emoções, Norberto aperta Brunilda contra o seu peito, quando ouve dois assovios.

É o sinal combinado com Percival.

Norberto aconchega-a mais e beija-a, quase em desespero:

– Não esqueça jamais que amo você mais que a mim mesmo!

Retribuindo-lhe as carícias, ela busca forças dentro de si mesma para se separar dele.

Soltando-a, ele principia a afastar-se devagar, mas num impulso se precipita, novamente, cinge-lhe o corpo com paixão avassaladora e a beija completamente entregue a este amor. Cada despedida pode ser a última. Tudo é incerto, imprevisível...

Percival insiste e repete o aviso.

Norberto fixa aqueles olhos que trazem para a sua alma os céus e a terra, beija-os reverente, enquanto balbucia juras de amor e, ainda segurando-lhe as mãos, solta-a devagar, sem dela desviar o olhar...

Aos poucos ganha alguma distância, e Brunilda segue em direção oposta.

Como num sonho, ela recebe de Lúcia a cesta repleta de flores, ao mesmo tempo que observa os movimentos de Norberto, sorrindo-lhe ainda amorosa e completamente submetida ao seu amor.

À distância, Norberto faz uma reverência à Lúcia e um gesto de despedida e gratidão a Percival.

Subindo no coche, Brunilda envia-lhe um derradeiro olhar.

Encostado em uma árvore, em profundo desalento, Norberto observa-lhes a partida.

Aos poucos, o veículo é apenas uma pequena mancha à distância.

Percival incita os cavalos a correrem desabaladamente. Teme que a demora desperte 'desconfianças infundadas'... Caso isso venha a acontecer, todos pagarão.

"O quanto eu gostaria de ver esta moça escapar, diante das barbas do barão, para ser feliz com Norberto!..." – sinceramente deseja Percival.

CONFORTÁVEL E BEM SERVIDO

DOM ANASTÁCIO SE acomoda regiamente em seus aposentos, enquanto num sorriso sarcástico ainda traz na retina as imagens ridículas daqueles que esquecidos da própria dignidade agiram como dóceis cordeirinhos, colocando-se aos seus pés...

Contudo, alcançou-lhes as rejeições. Cada um desejaria de fato destruí-lo com as próprias mãos...

Dias depois, refeito da viagem e disposto a conhecer aqueles que estão no poder da promissora Florença, vai aos diversos departamentos públicos, privados e religiosos.

Em todos os lugares surpreendeu vaidoso os olhares de inveja dos homens e o desabrido interesse da maioria das mulheres.

Como resistir a isso? É extremamente complicado reagir contra a Natureza e esta foi muito generosa, premiando-o com atributos físicos inegáveis!... O ventre um pouco avantajado não lhe tira a beleza do conjunto. A prova disso é o furor com que as damas mais importantes disputam-lhe a companhia. Os seus olhares voluptuosos fazem seu sangue ferver.

Nesse momento, suas vestes clericais espalham-se sobre a cadeira luxuosamente estofada. Dos punhos sobressaem rendas valiosas. Adereços e joias completam o riquíssimo traje. Afinal, deve ostentar o poder que possui.

Seus sapatos de rico artesanato e luzidios descansam sobre um custoso tapete persa e no colar que pende do seu pescoço taurino as pedrarias faíscam fascinando.

O volumoso e pesado anel cardinalício destaca-lhe a mão que comanda o mundo profano e ao mesmo tempo representa a sua atuação destacada e inegável frente à santa Madre Igreja.

"Os representantes do Senhor devem exibir as suas conquistas na confirmação da fé aos poderes celestiais, tão bem conduzidos por seus sacerdotes!..." – ele conclui, enquanto cochila algumas vezes, sem disfarçar o seu desinteresse ante as intermináveis reuniões e sessões.

Seu criado particular toca-lhe a mão suavemente quando ele está quase a despencar desastradamente do assento.

Estremunhando, ele o empurra violento, e em determinado momento, levanta-se sem se importar com aquilo que se passa ao seu redor, na exibição incansável daqueles que ali revelam a satisfação de incensá-lo, e se vai sonambúlico pelos intermináveis corredores, fazendo os seus fâmulos correrem atropeladamente ao seu encalço, a fim de providenciar-lhe o retorno rápido e confortável aos seus régios aposentos.

Chegando, ele se atira sobre uma cama sob rico dossel e adormece de pronto.

O criado suspira contrariado e prevê o esforço que terá de fazer para tirar-lhe as vestes e todos os adereços, a fim de prepará-lo para o repouso que não tem tempo nem hora para terminar.

Caso não faça isso, suportará reações imprevisíveis e talvez incontornáveis.

Enquanto o seu sono durar, deverá dizer àqueles que o procurarem que Sua Eminência, o cardeal, encontra-se em reuniões importantes longe dali. Sendo estas, secretas, não serão concedidos a ninguém os devidos endereços. E quem se atreverá sequer a duvidar?

Panderva aparece e Cirineu lhe avisa que o seu patrão deseja lhe falar.

Rapidamente, ela vai até ele:

– Queria me ver, gentil-homem? – ela indaga ansiosa.

– Sim, minha querida amiga! Nós ficamos sabendo que Minerva está nas proximidades à sua procura.

– Eu sei... Ela ainda não me viu, mas eu já divisei seu vulto assustador! Minerva só me trouxe dor e miséria!

Aparentemente desanimada, ela se senta.

– Não fique assim, Panderva!

– E como devo me sentir? Ela ainda não desistiu de viver à minha custa! Que Deus a leve para bem longe!

– Acalme-se, por favor, e ouça...

Ele narra tudo que soube sobre sua provável origem.

Panderva ouviu até a última palavra.

Pálida e de olhos nublados, ela revela uma ansiedade notável e muita emoção.

Wladimir clama por Cirineu e lhe pede um copo com água.

Após bebê-la, mais calma, ela ouve de Wladimir:

– É muito provável que Minerva já esteja se colocando à frente de tudo.

– Sim, ela é muito rápida, quando vislumbra a possibilidade de lucros e vantagens!

– Precisamos nos organizar para afastá-la! Você poderia nos auxiliar?

Temerosa, Panderva indaga:

– O que eu poderia fazer?

– Nada tão difícil, acredite. Terá que procurar por ela e entregar-lhe um bilhete! Concorda?

– Sim! Farei o que me pede...

– Próxima à Minerva, fique atenta e não se exponha demais!

– Descanse! Não sou mais aquela menina que ela subjugava!

Wladimir observa-lhe fortes sentimentos de rejeição.

– Você perdoou Minerva?

– Não sei... Tenho lembranças muito tristes de minha vida com ela... Ela me marcou profundamente... Contudo, fico a indagar-me: E ela própria o que terá recebido da vida? A sua maldade não será fruto de sofrimentos iguais aos meus? Lamento muito aqueles que assim como ela magoam e ferem... Imbuída nestes pensamentos, eu conseguirei perdoá-la, aos poucos...

– Sábia amiga! Um dia entenderemos o nosso próximo, movidos por uma saudável empatia!

Rindo, comovida, Panderva declara:

– O gentil-homem já faz isso, naturalmente!

– Eu me esforço, Panderva, por reverência a Deus e solidariedade ao homem! Enfim, deseja proteção quando for falar com Minerva?

– Isso será impraticável, nós sabemos, porque ela vai esperar que eu esteja só, além de ignorarmos quando este encontro se dará!

– Concordo. Ficamos, porém, à sua disposição! Se precisar de auxílio e defesa, conte conosco!

– Grata! Saberei me manter a uma distância razoável, não se preocupe!

Wladimir entrega-lhe um bilhete para Minerva e completa:

– Que os céus a protejam!

– Ao senhor e ao seu filho também!...

Wladimir gosta muito desta deferência de Panderva a Norberto.

Ela se vai e ele, engolfado em trabalhos, papéis, documentos, petições e agendamentos, vê outra noite chegar...

As estrelas já piscam vaidosas no céu, quando Norberto chega em casa.

Dispensável indagar de onde, pois o fulgor dos seus olhos e alguns vincos na testa falam mais que um discurso.

Cumprimentam-se, tomam a ceia juntos e cada qual busca os seus próprios aposentos.

Norberto anseia por privacidade. Quer ampliar os momentos gloriosos do seu amor.

Seu peito mal contém o coração que bate acelerado à simples lembrança de Brunilda. Por ela e por esse amor será capaz de tudo! Ela primeiro, depois a própria vida!

Percival e Lúcia têm sido grandes amigos. Sem a boa vontade e as artimanhas dos dois, jamais conseguiriam fruir os momentos de amor e carinho incomparáveis, que glorificam a própria vida naquilo que ela possui de melhor.

No dia seguinte, o barão oferecerá um grande banquete, e sua filha (oh, infelicidade!...) é o motivo maior desse evento: bela, culta, inteligente e boa, ela atrai olhares, desejos e grandes ambições.

Norberto sabe como o barão 'educa' a filha. Sua crueldade não tem limites e as suas ações raiam pela loucura: "Exposta a tantos olhares e oferecida como mercadoria!..."

Norberto pula do leito e passa a caminhar inquieto. Pensamentos como estes atormentam, flagelam-lhe a alma, diuturnamente.

Quando ela sucumbir diante da autoridade paterna, como será? Arrepia-se diante da possibilidade de perdê-la e pior que tudo: sabê-la infeliz!

Wladimir imagina e lamenta os tormentos do filho.

Nenhum homem que ama de fato pode furtar-se a sofrimentos, principalmente quando as situações são muito adversas... Torce por seu filho, por ela, e por este amor.

Aos poucos, enfim, ele adormece.

Enquanto isso, Norberto reflete quanto a si mesmo e à situação que ora vive:

"Preciso encontrar uma saída! Nunca amei de verdade e quando o faço me defronto com esta impossibilidade enlouquecedora!... Agora compreendo as ações desesperadas daqueles que amaram e enfrentaram perigos e o próprio mundo para viver seu amor ou morrer por ele!... Amor! Sentimento divino e condutor de almas, ventura máxima para qualquer ser humano neste planeta tão controverso e instável, cobrador e mesclado de bem e de mal, de alegrias e de tristezas, de dores e de realizações gloriosas!...

Dormir e despertar todos os dias é muito bom, quando amamos e somos amados!" – ele conclui, antes de adormecer, vencido pelo cansaço do dia e da noite.

Panderva vai aos mesmos sítios onde sempre viveu e faz uma comparação entre o que já foi e o que é. Impossível conciliar as duas formas de vida, a começar pela própria aparência e estendendo-se ao seu atual comportamento social...

Aqueles que sempre rentearam com ela hoje olham-na desconfiados e, apesar do sentimento de perda que a alcança, compreende-os; já foi assim e já agiu como eles...

"O que Deus nos reservará a todos? Somente Ele pode saber..."

– reflete sem revelar animosidade às rejeições que sofre daqueles que antes vibravam com a sua presença amiga.

Por enquanto, sente-se algo perdida; um tempo se passou modificando-a e aquele que virá é uma grande incógnita...

Não pode, nem deve, isto está bem instalado em sua alma, desejar riqueza, luxo e conforto, excessivos:

"Prevejo que minha vida se modificará e isto me assusta! O amparo fraterno dos Vladosk tem sido um preâmbulo para as próximas etapas da minha vida. Junto deles, eu me tornei, paulatinamente, melhor e mais tolerante, mais grata e mais sábia... O fidalgo que está à minha procura pode ser uma ponte entre esta realidade e a outra que por enquanto desconheço... A razão me alerta quanto aos perigos que ele representa, mas sinto uma forte inclinação para corresponder-lhe aos anseios... A intuição me avisa que ambos temos dívidas a ressarcir. Tenho, contudo, um grande receio de fracassar... "

Assim envolvida em pensamentos íntimos e tendo como única companhia o seu cãozinho ela indaga:

– Estamos sós, não é meu amigo? Aqueles que se aproximam de nós hoje o fazem simplesmente para levar alguma vantagem!

O animal late, enquanto corre para alcançá-la, parando aqui e ali para farejar o que lhe interessa.

De súbito, ele estanca, rosna ameaçador e começa a latir estridentemente.

Olhando ao redor, Panderva entende de pronto a sua reação. Ele já vira Minerva.

Oculta-se assustada. O coração bate desordenadamente, enquanto recorda quantas vezes aquele pequeno animal a defendera das pancadas de Minerva e fora igualmente surrado em sua fúria incontrolável.

Precisa falar com ela, mas não consegue! Sente-lhe uma aversão muito grande... Contudo, prometeu que entregaria a ela o recado do gentil-homem...

Sai e mostra-se, muito temerosa.

Minerva que esquadrinha todos os recantos, possíveis e imagináveis, grita estentórica:

– Ah! Aí está você! Eu preciso lhe falar! Apesar do 'disfarce' que está usando, eu reconheci você! Onde arranjou esta toalete?

Observando que está sendo ouvida pelos passantes, ela muda o seu discurso:

– Por favor, minha filha, me ouça! Tenho tanto para lhe falar! Afinal eu criei você com tanta dedicação, não foi?

Panderva permanece em silêncio.

Minerva aproxima-se e a cada passo que ela dá, Panderva estremece.

Alcançando-a, Minerva ensaia abraçá-la e ela dá um salto para trás, defendendo-se e mantendo-se em guarda.

– Ora, ora, filha! Não me reconhece mais?

– O que deseja?

– Eu? Desejo que venha comigo conhecer alguém! Apenas isso!

Mantendo-se em guarda, Panderva responde:

– Não, com você eu não irei a lugar nenhum! Mas, eu lhe trago um recado que vai interessá-la muito!

– Vindo de você, eu duvido muito!

– Pode confiar! Veja, neste papel há um endereço onde poderá falar com alguém muito importante! É de seu interesse, garanto-lhe!

Panderva lhe entrega o papel que ela recebe, desconfiada; dá uma olhada e se surpreende, silenciosa. Guarda dentro das roupas e exclama, debochada e agressiva, enquanto rodeia a moça, analisando a sua aparência:

– Ah!... Você se arranjou bem, hein? E sozinha, para não dividir comigo, sua ingrata! Que mais eu poderia esperar de você? Apenas isso!...

Minerva começa uma encenação e lamenta-se, esquecida de que esse teatro Panderva conhece bem demais...

Vendo que não conseguiria comovê-la como esperava, exclama, batendo palmas:

– Você é digna de aplausos! Ora se não! Enfim, conseguiu subir na vida! Hum... Tudo que veste é de boa qualidade! E este perfume de toucador? Que preciosidade! Mas eu, como pode ver, continuo na miséria e você nem se importa, não é? Mas quando o 'seu homem' souber da sua ingratidão, certamente irá jogá-la no olho da rua, de onde você nunca deveria ter saído! E, pensando bem, o que faz aqui? Matando a saudade dos velhos tempos?!

Enquanto fala, traiçoeira, investe contra Panderva e arrebata-lhe a pequena bolsa de seda que ela carrega, da qual a moça havia tirado o papel com o endereço.

Afasta-se e investiga o interior do adereço, alegrando-se:

– Ah! Aqui temos dinheiro! Agora é meu e não se atreva a me enfrentar! – diz lançando olhares terríveis sobre Panderva, que sai correndo.

Enquanto isso, Minerva conta as moedas que Forbes deu para Panderva por serviços prestados na cozinha.

Cerra os olhinhos apertados e maldosos e balbucia, ambiciosa:

– Ora, ora, 'minha filha', de onde vieram estas deve ter muito mais!...

Afogueada pela correria, Panderva chega ao lar dos Vladosk depois de haver percorrido diversos caminhos diferentes para não ser seguida por Minerva.

Trêmula, mal consegue falar. Depois de tanto tempo, deparou-se mais uma vez com o seu passado de dor, privações, espancamentos e total insegurança.

Nestes momentos consegue avaliar e medir a distância entre este tempo e aquele que passou.

Mais calma, conta-lhes o que aconteceu.

Cirineu e Forbes consolam-na de todas as maneiras. Ela, porém, esquiva-se e busca os seus aposentos para chorar...

O ACORDO

Tendo nas mãos o endereço que Panderva lhe deu, Minerva se atavia em excesso e comparece à corte provincial. Muito curiosa, engendra pensamentos e intenções afins com o seu jeito torto de ser e de viver.

Ainda subindo os degraus do prédio, depara-se com um guarda que, presto, barra-lhe a passagem, enxotando-a:

– Afaste-se, mulher! O que alguém como você pode querer aqui? Fora!

Mãos na cintura, olhar furioso, rosto avermelhado pela ira, ela reage:

– Deixe-me passar! Sei por que vim e para quê!

Tira em seguida da bolsa que surrupiara de Panderva a convocação feita por Wladimir Vladosk, assinada e carimbada, e exibe-a desafiadora:

– Sabe ler? Então leia! Confira o documento que tenho em mãos e que está endereçado a mim, 'Minerva'!

Ele examina, comprova, mas continua duvidando.

Exasperada, ela puxa o xale roto que traz sobre os ombros e indaga atrevida:

– E então? Vai questionar o seu superior? Se quiser, vá confirmar, eu espero! Saiba que sou uma mulher de classe e jamais minto! Mas resolva logo, senão me atrasa!

Fazendo uma careta, ele embolsa o pedido. Talvez precise de provas depois. Afasta-se e deixa o caminho livre.

Minerva dirige-se ao interior do prédio, quando ouve:

– *Strega!...*[5]

Gira nos calcanhares, volta-se novamente para ele e impreca:

– Se eu fosse uma dessas, transformaria você agora mesmo numa ratazana bem nojenta!

Supersticioso, ele se defende:

– Esconjuro!... – faz uma cruz com os dedos, benze-se várias vezes e beija a cruz que carrega no pescoço.

Minerva se vai muito satisfeita com o medo que causou.

No interior, ela observa tudo com olhos de rapina.

Frente ao gabinete de Wladimir, tenta entrar, mas aquele que tem a incumbência de organizar o acesso ordena-lhe que se sente e aguarde.

– Sentar-me? Não vim aqui para isso! Fui chamada pelo senhor Wladimir Vladosk e não posso perder tempo!

Fechando a cara, o funcionário repete imperativo:

– Sente-se! Quando chegar a sua vez será chamada!

– Corrigindo-o, meu caro senhor, eu é que estou atendendo a um chamado e dos mais importantes!

Ignorando-a, o homem se distancia, enquanto ante o banco de espera superlotado ela empurra aqueles que já estão sentados e disputa um lugar, enquanto pensa na possibilidade de abordá-los para pedir dinheiro. Sorrindo maldosa, recorda de quando precisava beliscar Panderva, a fim de que ela chorasse para comover os passantes.

"Hoje a ingrata se veste bem e até carrega dinheiro! Preciso saber onde ela vive! Ela me deve muito e terá de me pagar! Ora se não!" – remói.

Aos poucos, cochila e algumas vezes quase cai do assento, roncando ruidosamente e incomodando a todos.

No final da tarde, desperta, espreguiça-se e indaga:

– Afinal, até quando vou ficar aqui esperando? Quem vai me pagar pelo tempo que estou perdendo? Preciso falar ao senhor Wladimir Vladosk!

---

5 Bruxa. (N.E.)

Coça a cabeça, suspira e sai pelos corredores a lamentar-se.

Alguns, ao ouvir-lhe as queixas penalizam-se sinceros, enquanto ela prossegue narrando os seus infortúnios: o quanto é pobre, o quanto sofre, quantos filhos tem para alimentar!... Só Deus conhece as suas mágoas e as suas noites insones!...

Este ou aquele tira do bolso algumas moedas e lhe entregam condoídos.

Por fim, chega a hora que ela aguardava. Vai ser recebida.

Entra no gabinete, esgueirando-se feito cobra traiçoeira, esquadrinhando o conforto e a patente organização.

Enquanto isso, Wladimir examina-a, cuidadoso e em silêncio, lamentando-lhe a miséria espiritual.

– Sente-se! – ele lhe diz educado.

– De novo? Quero saber por que me convocou! Ah! Vim também porque quero pedir-lhe explicações quanto à minha querida filha!

– Quem é sua 'querida filha'?

– Ora, ora, por que me faz perguntas como se não a conhecesse? Quem mais a cobriria de sedas e de rendas? Isto é claro como o dia!... Pois saiba que ela tem mãe!

– Por favor, minha senhora, pare de falar por enigmas! Acusações como estas podem atirá-la numa prisão num piscar de olhos! Veja onde está e não aja sem pensar!

Assustada, Minerva se cala e se contém. Intimamente, reflete quanto a passar alguns dias presa. Já conhece de longa data o 'conforto' que as celas imundas oferecem.

Wladimir lhe diz severo:

– Vou fazer-lhe algumas perguntas. Responda com cuidado e seja muito honesta: Quem procura por Panderva, por que e para quê?

Revirando os olhos, ela declara:

– Ah, isso eu não posso dizer! É um segredo que não me pertence!

Fitando-a seriamente, Wladimir repete a mesma indagação.

Silêncio...

– Eu preciso apenas da sua confirmação, porque em verdade já sei de tudo!

Ela se levanta de chofre e retruca:

– Como vocês, homens da lei, são traiçoeiros! Estão sempre procurando meios para nos prejudicar ou nos lançar na prisão!

Wladimir não responde. Apenas aguarda.

Suspirando, ela se senta novamente e explica-se:

– Quem procura por ela é a mãe que está doente e quer vê-la! Eu disse ao senhor que sou mãe dela e isso também é verdade, porque eu sou sua mãe de criação!

– Desde quando?

– Desde o seu primeiro dia de vida!

– E quem lhe entregou Panderva?

– Um amigo meu.

– De onde ele trouxe a recém-nascida?

– Que sei eu? Ele jogou o fardo em cima de mim e se foi, mais bêbado que um gambá!

– Agora, você procura Panderva por que novos fatos vieram à tona, não é?

– Sim! A verdadeira mãe dela, como eu ia dizendo, apareceu e já sabe que a sua filha foi deixada ali, onde eu sempre vivi!

– Como ela soube?

– Na época, a sua criada, Berenice, era minha amiga. Foi ela quem 'despejou' a criança no nosso beco. Pretendia pegá-la depois, mas aquele meu amigo chegou antes. Panderva deve ser a mesma criança!

– E qual o seu interesse nisso?

– Ora, que pergunta! Esquece que eu sou a mãe de criação dela? A família é muito rica e me prometeu uma boa recompensa!

Enquanto ele analisa as suas falas, ela prossegue:

– A mãe de Panderva está à morte. Arrependida, quer pedir perdão à filha!

– Você é, por enquanto, o único ponto de referência que a família possui, certo?

– Sim!

– E para que a sua amiga Berenice queria a criança?

– Ela pretendia escondê-la e deixar o tempo passar. Futuramente, ela faria chantagem com a verdadeira mãe para conseguir melhorar de vida!

– Melhorar de vida através de extorsão? Desonesto e criminoso! Passível de condenação!

Levantando-se e balançando-se debochada ela explica sua filosofia de vida:

– Ser honesto, meu senhor, é para aqueles que têm dinheiro! Entre nós, a honestidade não encontra espaço! Aprendemos isso todos os dias e da pior maneira que o senhor pode imaginar!... Venha viver conosco e compreenderá muitas coisas!...

– Apesar daquilo que diz ter algum fundamento, senhora, a pobreza não leva fatalmente à desonestidade! Ela pode levar a sofrimentos, mas estes podem servir, em contrapartida, de estímulo para a força e a coragem de lutar por si mesmo, sem se corromper! Aqueles que perseveraram no bem, acima de todas as adversidades, deixaram grandes exemplos para a nossa humanidade! O maior deles 'não tinha uma pedra onde recostar a cabeça!...'

Entediada com o que considera uma cansativa ladainha, ela revela a sua impaciência:

– Muito bem! O senhor já fez o seu discurso! O que mais deseja de mim?

– Saber quais são as suas intenções!

– Por que me pergunta isso? Vou levar Panderva até essa mãe e receber a recompensa! Assim, ficamos todos muito felizes! Mas, para que me convocou? Até agora o senhor falou, falou, e nada! O que pretende, afinal?

– Quero fazer um acordo com a senhora!

Ladina, ela responde:

– Se me interessar... Vamos lá, do que se trata?

– Quero que a senhora se afaste de vez da vida de Panderva!

– Mas logo agora? Ah, entendi! Quer se dar bem, não é? Com efeito! Vai tirar o pão da minha boca? Mas logo o senhor que é um 'grandão' neste tribunal? – ela indaga desafiadora.

Wladimir olha para ela com muita piedade, enquanto conclui: "Essa mulher, assim como tantos outros, é o triste resultado da miséria e do desamor do mundo... Reagem com os recursos que conhecem para sobreviver..."

Ante o seu silêncio, ela exclama cobradora:

– E então? Vai ou não vai me dizer o que pretende, de verdade?

– Ouça-me e avalie o acordo que desejo lhe propor: A senhora deixa Panderva em paz e eu a recompensarei!

Duvidando, ela retruca:

– Não vejo como! Quer me impedir de receber a recompensa que me prometeram?

– Saberei o valor da quantia prometida e lhe darei. Então, concorda? Assim não será prejudicada.

– Hum... Não sei... Vocês têm mil recursos para enganar! Posso cair numa esparrela daquelas!...

– Como pode ver, tenho um nome e uma posição a zelar! Eu jamais enganaria quem quer que seja! Garanto-lhe!

Aviso-a, porém, afaste-se para sempre do caso e de Panderva. Daqui em diante, apenas a lei cuidará deste caso e contra ela a senhora não possui recurso algum, pois não é de fato e de direito a verdadeira mãe de Panderva.

Apertando os olhinhos maus e ambiciosos, ela fita Wladimir e indaga, muito intrigada:

– Agora sou eu quem quer saber: Qual é o seu interesse em tudo isso?

– O interesse não é meu e sim dela e de sua família! Já tenho o caso em minhas mãos!

Minerva suspira, caminha pelo ambiente, para aqui e ali, e demonstra muita indecisão.

Wladimir espera que ela aceite sem exigências descabidas.

Ela pensa, pensa, e enfim declara:

– Está bem! Farei aquilo que me pede! Mas saiba que vou ficar na espreita! Vocês não vão me enganar!

– Ninguém vai enganá-la, já disse. E quanto a 'ficar na espreita', desista! Em verdade, a moça em questão precisa de proteção contra a senhora! Não desafie a sorte! Se ela for interrogada, a senhora estará seriamente comprometida com a lei!

Minerva concorda, silenciosa.

Decide aproveitar rapidamente a boa vontade dele, antes que decida recorrer aos meios legais para conseguir aquilo que deseja e a deixe a 'ver navios'...

– Quando receberei o pagamento?

– Quando eu souber o valor! O pagamento será feito aqui mesmo!

– Está bem! Não tente me enganar, pois sei ser bem desagradável quando quero!

Wladimir quase sorri diante de provocação tão equivocada...

À saída de Minerva, ele respira aliviado.

Sua querida amiga Panderva terá brevemente o resgate de sua identidade, nome de família e endereço. Sem dúvida, isso alegrará em muito o seu coração...

METAFÍSICA

MERGULHADO EM SUAS teses científicas, Wladimir analisa a evolução natural, o presente e o futuro da Terra.

Homem de fé, conclui racionalmente a presença e o poder do Criador.

Admira, entusiasta, aqueles que têm trazido ao mundo conhecimentos relevantes. Muitos foram até as últimas consequências em nome da Verdade. Alguns deixaram os seus nomes na história e outros tantos passaram anônimos, mas curvaram-se conscientes ao transcendente e eterno, em lugar da brevidade da existência material.

Em contrapartida, muitos outros acumpliciaram-se com o erro e a mentira, por medo ou por interesse.

A perfeição divina é um fato comprovado pela razão e pelo coração, todavia, muitos daqueles que se dizem representantes dos céus negam veementes essa perfeição, mercadejando benefícios sagrados que pairam acima das convenções humanas e das suas fraquezas.

Aqueles, porém, que divisam a Verdade e primam pela observância da Lei, com exemplos admiráveis de amor e de fé, são perseguidos e estigmatizados.

Concentrado, Wladimir sequer notou a aproximação de seu filho.

Em patente adoração e com um ar de admiração Norberto sorri em silêncio.

Voltando-se, surpreende-o.

Ainda reflexivo entrega-lhes as folhas manuscritas.

Norberto as recebe e senta-se para ler.

Em silêncio, devora cada linha até o fim. É um admirador inconteste da sabedoria paterna.

Alguns instantes mais, levanta-se com as folhas nas mãos e sorri ao comentar:

– Se os seus perseguidores tivessem acesso a isto, teriam muito a comemorar!

Rindo, também, Wladimir concorda:

– Bem sei, mas o que posso fazer? Preciso pensar, pesquisar, deduzir, para compreender a vida! Para isso o Criador me dotou de inteligência!

Dá alguns passos ao redor, inquieto, e declara com ênfase quase teatral, como se estivesse no fórum defendendo suas causas:

– Extasio-me, Norberto, diante de tanta grandiosidade! As diferentes ciências me seduzem, me atraem, visceralmente! Fazem parte da minha vida! Eu jamais conseguiria viver sem analisar minuciosamente o mundo e tudo aquilo que me rodeia! Além do nosso pequenino planeta, perquiro também sobre outros, enquanto gravitam nos espaços, sob as leis naturais e perfeitas!

Um dia já estivemos lá e mais cedo ou mais tarde estaremos novamente em muitos deles para novas experiências! É apenas uma questão de tempo! São moradas celestes iguais, piores ou melhores que esta escola na qual mourejamos, dia após dia, no cumprimento de uma vontade poderosa e inquestionável que a tudo comanda!

E tantas outras coisas me convidam a investigar, descobrir, assimilar, num vasto e interminável aprendizado!

Somos deuses e tudo podemos. Quando soubermos fazer bom uso desses poderes, por enquanto ignorados ou menosprezados, tachados de miraculosos, superstições, bruxaria, e tantos outros adjetivos que revelam a incompetência dos homens para rotular aquilo que não conhecem, porque não se esforçam para saber, e, enquanto se conformam simplesmente com aquilo que nosso pequeno mundo oferece, "não entram, nem deixam entrar nos céus"!

Pobres infelizes, sentirão mais cedo ou mais tarde a pena de retardar a Verdade no planeta, do qual, loucos, julgam-se os proprietários!

Cegos, preguiçosos, orgulhosos e egoístas! Traidores da verdadeira ciência e traidores do poder divino!

Ele caminha quase esquecido de onde está e indaga:

– O que nos tranquiliza? Saber que todos, sem exceção, compreenderão um dia tudo aquilo que hoje negam por conveniência. O tempo implacável, indene à nossa influência, prossegue indiferente e com ele vem o carro do legítimo progresso que passa, invisível e invencível, sobre tudo e sobre todos, transformando e aperfeiçoando o que existe.

Aqueles que há muito são os paladinos do bem e da justiça neste planeta prosseguirão lutando pelo bem e pela verdade, em todas as épocas que lhe cabem viver e atuar, mas também muitos daqueles que manipularam a verdade em benefício próprio, um dia estarão dando a própria vida por ela; felizes e realizados, apesar das dores e dos sofrimentos, aos quais fizerem para corrigirem-se em seus enganos do passado!

Impedimos que muitos trilhassem os próprios caminhos? Seremos pontes luminosas, permitindo-lhes novas e abençoadas oportunidades!

Wladimir respira, suspende os braços e exclama concluindo:

– Por fim, nos acertaremos sempre com a nossa consciência diante da Lei!

A ciência que sintetiza em si mesma a verdade do amor e da razão é a pedra filosofal e toda a alquimia!

Rosto corado pela exaltação e pelo entusiasmo, Wladimir volta a sentar-se e respirando fundo, acalmando-se, concorda mais uma vez com Norberto:

– Você tem razão, aqui – ele exibe as folhas – eles encontrariam tudo que precisam para levar-me aos tormentos do Tártaro!

Abraçando-o pelos ombros, emocionado e reverente, Norberto exclama:

– Mas, acima da vontade dos nossos inimigos, que a providência divina cuide do senhor, meu pai!

– De nós, meu filho, de nós!

Mudando de assunto, indaga:

– Diga-me, filho, se puder e se quiser: o que tem feito quanto aos seus sentimentos?

Norberto acomoda-se melhor e conta-lhe, ora rindo, ora muito sério, as peripécias que tem levado a efeito para ver a sua amada e oh, céus dos enamorados! – abraçá-la, beijá-la e fruir a felicidade de saber-se igualmente amado.

– E como tem conseguido isso?

– Com a anuência dela, o auxílio de sua amiga Lúcia e também do cocheiro Percival. Este simpatiza comigo e por isso decidiu nos ajudar.

– De encomenda, hein?

– Sim, felizmente!

Após horas de agradáveis conversas, Wladimir guarda e tranca muito bem os seus papéis e sai abraçado ao filho.

Sentam-se à mesa para a ceia e alimentam-se descontraídos.

Antes de se recolherem aos seus aposentos, Wladimir comunica-lhe:

– Por uma admirável casualidade, se é que ela existe, descobrimos, ao que parece, a família de Panderva. Tomei a frente de tudo e já iniciei algumas providências. Cirineu e Forbes têm nos auxiliado. Contudo...

– Contudo?...

– Nem podemos imaginar aquilo que ela pode vir a enfrentar, caso pertença de fato àquela família!

– Por que diz isso, meu pai?

– Ouça... – Wladimir lhe diz o nome do provável avô de Panderva.

– Tem razão... Pobre moça, apesar dos valores morais que revela, demonstra que tem inúmeros compromissos com o seu passado.

– Assim é, meu filho. Temo pelo futuro de nossa querida amiga. O que virá?

– Ela poderá contar sempre conosco!

Entristecido, Wladimir questiona:

– E como saber aquilo que nos espera também? A vida nos

oferece oportunidades de acertos! Quando, como e onde?

– É verdade... Penso que Panderva enfrentará, ora em diante, os desafios que a riqueza e o poder carregam no seu carro de triunfo. Tomara ela tenha forças suficientes para resistir! Desde o nascimento, sua vida tem sido uma dolorosa lição de humildade!

– Sim! Que ela tenha forças!...

CONVIVÊNCIA

NOS APOSENTOS DE Forbes, deitada confortavelmente numa cama macia, Panderva sonha de olhos abertos.

Impossível para ela não recordar, emocionada, o interesse daquele fidalgo que fala mais ao seu coração do que deveria. Enlevada, suspira.

No momento, está fisicamente cansada. Atualmente auxilia Forbes o quanto pode. O gentil-homem tinha razão; ela está excessivamente cansada e envelhecida. O que a mantém a serviço da casa é o amor que sente pelos patrões e o medo de modificar a sua vida. Não se acostumaria mais noutro lugar. A casa de Wladimir hoje é também a sua casa.

Agora, com o auxílio de Panderva, Forbes pode descansar, principalmente quando o seu tenaz reumatismo a atormenta, porque a moça toma a frente de tudo, poupando-a.

Antes de entregar-se ao sono, Panderva reflete o quanto é boa a sua vida ali.

Muito grata, Forbes, vez por outra, premia-a com algumas moedas que ela recebe e agradece.

Aos poucos, Panderva tornou-se uma pessoa mais calma, mais educada e principalmente menos impetuosa.

Nos próximos dias irá conhecer uma família que pode ser a sua. Teme o que virá, mas irá acompanhada de Cirineu e de Forbes. Além deles, um funcionário da corte provincial irá representando o gentil-homem.

O conde Fernando

Expedito, Wladimir despachou uma portaria com uma convocação ao chefe da provável família de Panderva, afinal, pelas notícias, a mãe dela está à morte.

No dia seguinte recebe em seu gabinete a visita de um homem empertigado, elegante e de cabelos grisalhos.

Impaciente, ele se apresenta e quer saber:

– Sou o conde Fernando de Alencar Nogueira! O que desejam?

– Sente-se, por favor! – Wladimir lhe diz.

– Por obséquio, por que ou para quê fui convocado à esta corte?

– Acalme-se e ouça: Tendo recebido algumas informações a respeito de uma conhecida e que envolve gravemente a sua família. Decidi convocá-lo para saber a verdade.

– De quem recebeu essas informações?

– Não posso lhe dizer!

– Se ao menos me disser do que se trata...

– Fiquei sabendo que sua filha, muito doente, procura alguém de quem ignora o paradeiro.

Respirando fundo, o homem explica enfim a situação de sua casa atualmente, devido à doença de sua filha e sua consequente ansiedade por encontrar a filha, da qual a própria família sempre ignorou a existência.

Finda a sua narrativa, ele chora livremente, sem pejo algum. Enxuga as lágrimas e conclui:

– Enfim, é isso!

Wladimir abstém-se de qualquer comentário. Na sua frente está um pai sofrendo pela filha querida, a despeito de quem quer que ele seja ou como seja.

Observando a calma e a compreensão de Wladimir, ele abre o coração:

– Minha filha tem raros momentos de lucidez, e neles sempre implora para ver a filha que teria abandonado no momento do seu nascimento... Quando indagamos como isso se deu, ela declara que contou com a cumplicidade de sua criada, Berenice, e que esse ser abandonado ao primeiro vagido fora deixado num beco escuro e deserto... Que a partir daí nunca mais soube da filha, que hoje deve ser já moça. O senhor conhece alguém que corresponde às estas informações?

– Tudo me leva a crer que sim!

– Oxalá, possamos aliviar as dores físicas e morais de minha querida filha! De quem se trata? Sei que não me convocaria caso não tivesse informações confiáveis!

– Confiáveis, porém, ainda não comprovadas!

– O senhor ficaria admirado de saber quantas vezes comparecemos aos lugares para nos decepcionarmos depois. A cada novo dia temos novas esperanças que redundam em fracasso.

– Casos como esse são numerosos e os caminhos percorridos não fogem aos habituais percalços. A informação que possuo deverá ser analisada por sua família e por aquela que procuram.

– O senhor falou numa conhecida...

– Sim. E pode ser a neta que procura!

Surpreso, o conde mal consegue falar.

– Após as averiguações oficiais que ainda estão sendo finalizadas, pretendemos aproximá-los, se for da sua vontade.

Fernando, que se levantara, volta a sentar-se, ante a patente fraqueza física, tal a sua emoção.

– É tudo aquilo que mais desejo, caro senhor!

Depois de acertarem dia e hora para a visita de Panderva, assim como as condições para isso, o provável avô de Panderva despede-se:

– Estarei lá! Hoje, quase não me distancio de casa... Não sei quando os céus levarão de vez a minha filha!...

Revelando muita pressa, ele exclama antes de sair:

– Estarei à sua disposição! Aguardo-os com muita ansiedade, como pode imaginar.

Estende a mão e aperta a de Wladimir. Quase na porta, gira nos calcanhares e volta-se com uma indagação algo emocionada:

– Tem filhos?

– Sim! Um filho que é a razão maior da minha existência!

– Então espero que não me julgue e apenas me compreenda. Não sou nem nunca fui um bom exemplo para minha filha e tenho consciência disso. Esta a parte que mais me atormenta. Caso eu fosse diferente, ela teria a coragem de me confidenciar as suas experiências de vida e hoje, quem sabe, não estaria morrendo coberta de remorsos! Sei do senhor pelas notícias que correm! Sua vida é um livro aberto! A honra e a dignidade são as suas bandeiras! Todavia, acima das circunstâncias, nesse instante, aqui somos apenas dois pais que amam os seus filhos!

– Respeito a sua dor e não tenho o hábito de julgar, a não ser em função da minha profissão. O ser humano é muito mais complexo do que podemos imaginar! Quando, contudo, aprendermos a amar a todas as criaturas de Deus, como amamos os nossos, seremos todos felizes!...

– Não vejo possibilidades para isso, perdoe-me! Sei, porém, que me encontro diante de um sábio de valores indiscutíveis! Por isso, como não possuo alegações apropriadas para contradizer-lhe a assertiva, limito-me a agradecer-lhe a atenção! Passe bem!...

– Passe bem! Brevemente, o senhor receberá a visita de minha protegida!

Ele repõe o chapéu e sai, cabisbaixo e pensativo.

Wladimir permanece de pé, após saudá-lo, refletindo:

" Acima das nossas imperfeições, sejam quais forem, nós amamos, seja um ente querido, um animalzinho, um lugar, um objeto... Se nascemos para amar, quando nos conscientizaremos disso?..."

Senta-se e apronta-se para dar continuidade às atividades do dia.

MÃE E FILHA

PANDERVA ESTÁ MUITO ansiosa para conhecer a família do conde Fernando.

(Minerva finalmente deixou-a em paz e, ainda que quisesse, não saberia onde encontrá-la.)

Nervosa, já chorou algumas vezes e não consegue se concentrar em nada.

Escolheu uma bela toalete com o auxílio de Forbes, que lhe pede com os olhos marejados de lágrimas:

– Minha filha, por favor, se a vida levá-la daqui, não nos esqueça, sim?

Em silêncio, abraçou-a fortemente, grata e comovida... Jamais teve quem a amasse assim.

Cirineu intervém divertido:

– Ora, Forbes! Agradeça aos céus a possibilidade de livrar-se do trabalho que esta menina lhe dá!

Zangada, Forbes retruca:

– Não diga isso, Cirineu! Hoje não sei mais viver sem ela!

– Sei disso, minha amiga... Eu estava brincando... – ele conclui igualmente emocionado.

Panderva não gostaria de ficar sem os amigos... São tão bons, sinceros, amáveis...

Disfarça as lágrimas que começam a cair e vai para o pátio, onde atualmente mora o seu amiguinho de quatro patas, numa bonita casinha feita para ele. Ele está mais gordinho e já gosta da

Forbes, assim, às vezes, fica um tanto abusado...

Panderva senta-se num banco com o cãozinho no colo e tenta imaginar o próximo futuro.

Após alguns minutos, porém, enxuga as lágrimas, levanta a cabeça e, corajosa, exclama:

– O futuro pertence a Deus! Que Ele me conduza!

Dia seguinte, ela sai junto a Cirineu, Forbes e o representante oficial de Wladimir Vladosk.

De carruagem eles atravessam a cidade e aos poucos deixam para trás o perímetro urbano.

Depois de um tempo considerável, divisam a rica residência que impressiona pela beleza e magnificência. Com a aparência de uma quinta, tudo nela revelará, contudo, que se trata de uma residência cosmopolita.

Após a doença da condessinha, e para beneficiá-la nos diversos tratamentos, a família decidiu morar ali.

Seguindo pelas diversas alamedas com jardins e pomares exuberantes, a carruagem contorna o portentoso edifício e estaciona.

O porteiro que já os aguardava faz um aceno ao cocheiro indicando-lhe um local na frente da fachada, para onde afluem os criados encarregados de recepcioná-los.

Cirineu e Forbes, muito bem vestidos, fazem bela figura.

Identificando-se, o representante da corte provincial declara que a visita será monitorada por ele e devidamente registrada em papéis oficiais. Contudo, deixa Cirineu e Forbes tomarem a frente de todas as providências, observando, enquanto faz o seu trabalho.

Adentram, enfim, a luxuosa residência.

Panderva, alvo da curiosidade de todos, sente-se esmagada por tanto poder financeiro e tantas etiquetas endurecidas. Gostaria de ter coragem de fugir dali, deixando tudo para trás. Pálida e trêmula, ela tem os olhos nublados de lágrimas.

Por vias desconhecidas da razão, ela sente na própria alma a dor daquela moradia e o peso das suas dores.

Disseram-lhe que sua provável mãe está muito doente.

Preparou-se, nos dias que antecederam a visita, para confirmar, ou não, a sua ligação com essa família. Se isto for confirmado, de forma cabal e inquestionável, sua vida se modificará inexoravelmente de uma hora para outra.

Pisa cuidadosamente no chão polido e de cores cromáticas, fruto de requintado trabalho geométrico.

Ao redor, a constatação da riqueza em todas as formas possíveis e imagináveis, na ostentação visual de poder financeiro.

Nesse momento debate-se como um peixinho fora d'água, entre a vida que conhece por experiência e aquilo que supõe seja o seu passado e o seu futuro.

Que medidas possui para avaliar essas duas realidades?! Apenas a subjetividade.

Sim, não pode negar. Tudo que vê a atrai, irresistivelmente, embora gostasse de negar essa atração tão perigosa.

Forbes percebe-lhe os conflitos e abraça-a pelos ombros, enquanto sussurra amorosa:

– Acalme-se, Panderva, e não se precipite! Dê algum tempo à vida até que as diferentes situações se posicionem, tornando-se mais compreensíveis. Todavia, desde já, descanse sua alma. Estou certa de que ninguém irá constrangê-la!

Balançando a cabeça em sinal de aprovação, ela enxuga as lágrimas e desabafa:

– Forbes, Forbes! Minha boa amiga! Por que e para quê, me meti nisso? Eu não deveria ter procurado aquilo que há tanto perdi!

– Engana-se, filha, deveria sim! Se assim não fosse, o próprio gentil-homem jamais teria consentido, e menos ainda concorrido para que este dia chegasse!

Ao ouvir a referência ao seu bom amigo, Panderva respira fundo e decide ser digna de toda a ajuda que está recebendo.

Nesse ínterim, o dono da casa aproxima-se solícito e profundamente emocionado:

– Sejam bem-vindos à minha casa! – ele exclama.

Ato contínuo, busca com o olhar o rosto de Panderva e não consegue disfarçar o seu espanto, pois empalidece e cambaleia. Sua palidez é gritante.

Um dos servos acorre e sustenta-o, diante da sua inusitada reação.

Fernando reconheceu de pronto, nas feições de Panderva, a própria filha nos áureos tempos.

Com voz quase inaudível, sussurra:

– Elas não se assemelham apenas! Elas são iguais!...

Recompõe-se finalmente e dirige-se aos convidados:

– Saúdo-os a todos, agradecendo-lhes, desde já, as presenças e o esforço para atenderem ao nosso convite! Sou o conde Fernando, dono da casa. Estejam à vontade! Posso saber-lhes os nomes?

– Certamente! – responde o oficial, enquanto entrega-lhe um documento. – Eu sou Sóstenes, representante da corte provincial e como deve saber, estou a serviço do senhor Wladimir Vladosk! Estes que me acompanham são o senhor Cirineu, a senhora Forbes e a moça Panderva!

– Panderva... Estranho nome... – ele balbucia intrigado.

Delicada, ela se defende:

– Também penso assim, mas aprendi a gostar do meu nome! – enquanto isso, analisa cuidadosamente o homem que pode ser o seu avô.

Ainda não totalmente refeito da emoção primeira, Fernando estremece, enquanto comenta mais uma vez emocionadíssimo:

– A sua voz!...

Curiosa, Panderva quer saber:

– Já ouviu a minha voz antes, senhor?

Rapidamente observando que uma vez mais deixou a emoção tomar as rédeas de sua habitual racionalidade, Fernando explica-se:

– Não, não! Jamais a vi antes, nem ouvi a sua voz! Perdoe-me os rompantes! Geralmente não sou assim, mas encontro-me completamente aturdido com a semelhança entre você e minha filha Carlota! É como se ela ressurgisse do passado! Até a sua voz é igual à de sua mãe!

A despeito de querer permanecer neutra para analisar racionalmente os fatos, essa declaração emocionou Panderva mais que o esperado e ela teve de controlar-se para não chorar.

Decidido, Fernando precede-os, convidando-os em gestos amplos para segui-lo:

– Venham, por favor! Todo tempo é precioso! Minha filha ora está lúcida, ora está distanciada de nós e incapaz de entender-nos! Hoje surpreendentemente está bem e aceitou todos os cuidados que lhes foram dispensados para a sua toalete!

O coração de Panderva bate descompassado. Dentro de alguns instantes estará diante de alguém que pode ser a sua verdadeira mãe.

Aqueles que a acompanham estão igualmente sensibilizados.

Eles caminham por extensos corredores e depois de algum tempo aproximam-se de um aposento, que logo à entrada rescende a medicamentos e aromas de ervas.

O ambiente é triste e mórbido, apesar do luxo e do conforto.

Aos poucos, eles divisam sobre uma cama encimada por dossel, e que recebe tênue claridade dos vitrais, uma mulher recostada em travesseiros e arfando, enquanto revela grande curiosidade sobre aqueles que acabaram de entrar.

Panderva já não consegue mais disfarçar a sua emoção.

Teme fraquejar. Sua alma inquieta e ansiosa parece antecipar-se, a fim de decifrar o passado...

Vacilante e temerosa, ela aceita a mão do anfitrião, que a conduz cuidadoso e expectante até o leito de Carlota.

Frente àquela mulher desfeita e banhada em suores, que respira com extrema dificuldade e que revela no olhar uma grande ansiedade, confirma as declarações de Fernando, quanto à semelhança física de ambas.

Dirigindo-se à filha, Fernando lhe diz:

– Minha querida, veja, esta pode ser a filha que você procura há tanto tempo. Observe a semelhança entre vocês! Ante as sindicâncias que fizemos, a possibilidade maior recaiu sobre essa moça!

Perscrutando-lhe atenta os traços fisionômicos, e mais que isso, a emoção sem medidas que tomou de assalto o seu coração, no reconhecimento sagrado da filha querida, Carlota confirma:

– Sim!... Ela é a minha filha! – responde com esforço, enquanto estende as mãos, na tentativa de atrair Panderva.

Panderva aproxima-se, envolvida numa emoção que quase a sufoca e deixa-se tocar pelas mãos frias e úmidas de Carlota.

Nesse toque, um sentimento indefinível a alcançou, como se fosse possível recordá-la...

Fernando explica:

– Minha filha nos contou o drama que viveu, muito tempo depois, quando já não possuíamos mais nenhum ponto de referência a esse respeito. Desde então, ela vive por este momento!

A voz quase sumida de Carlota é ouvida:

– Perdão... minha filha!...

Panderva indaga-lhe, curiosa:

– Acredita mesmo que eu sou sua filha?

– O meu coração reconhece você! Sim, você é a minha filha!...

Panderva jamais imaginou-se em tal situação.

A essa altura, Fernando chora convulso e todos os presentes exibem as lágrimas que escorrem em seus rostos. Até mesmo o oficial tão habituado a acontecimentos semelhantes tem os olhos úmidos.

Apesar de sua fraqueza física, a doente aperta a mão de Panderva, enquanto esta chora.

Respeitosa, Panderva beija-lhe as mãos.

Quase sem forças e criando intervalos entre uma palavra e outra, Carlota pede:

– Filha, dê-me um abraço e me perdoe por tudo!... Preciso do seu perdão!

Fazendo um grande esforço para estancar o pranto e expressar-se, Panderva declara carinhosa:

– Nada tenho a perdoar, minha mãe, pois também preciso, inúmeras vezes, do perdão divino! Somente os céus podem nos julgar com acerto e eu jamais me sentiria ultrajada! Certamente recebi da vida aquilo que merecia e precisava!

Emocionadíssima, Panderva aconchega-a ao próprio coração. Parece-lhe ter vivido para este momento sagrado e solene...

Assim abraçadas, elas permanecem.

O tempo parece extático, acumpliciando-se benevolente com o reencontro destes dois corações.

A emoção, contudo, extenuou a doente, fazendo-a piorar.

Os médicos que estiveram igualmente observando a cena comovente acorrem providenciais.

Panderva pressente-lhe o fim e lamenta profundamente os seus sofrimentos...

Aproxima-se e sussurra ao seu ouvido, antes de sair:

– Ficarei aqui, descanse! Assim que puder eu voltarei a vê-la! Fique em paz! Descanse o seu coração e saiba que minha alma reconhece a sua. Somos, acima de tudo, mãe e filha!

Sorrindo, num esforço hercúleo, Carlota geme e começa a se contorcer sobre os lençóis.

Profundamente apiedada, Forbes abraça Panderva.

Fora dali, Panderva dá vazão a sua emoção e chora convulsivamente, precisando de ajuda.

É conduzida ao jardim onde se acomoda sobre um banco confortável. Respira profundamente e procura reequilibrar-se.

Uma criada lhe traz um chá quente que ela ingere muito grata.

*

EM SEU LEITO de dor e sofrimento, quando as dores insuportáveis ameaçaram tirar-lhe a condição de raciocínio; antevendo a visita daquela que leva a todos mais cedo ou mais tarde para os caminhos da realidade do Espírito, Carlota abandonou de vez as suas fantasias e ambições terrenas e decidiu-se pela coragem de enfrentar os próprios erros, principalmente o da maternidade escondida e renegada.

Ante as premissas de deixar o mundo, resolveu confessá-los, primeiramente à Igreja, como mandam os preceitos da sua religião, e depois ao seu pai, que diante da sua trágica sorte não teria coragem de julgá-la e condená-la.

Desde sempre, mimada em excesso, muito rica e dona de uma beleza admirável (todavia sem uma educação moralizada) e convivendo com deploráveis exemplos, portou-se de forma irresponsável e algum tempo depois descobriu-se grávida.

O susto foi grande e levou-a a temer a fúria da família, principalmente de seu pai.

Decidiu e planejou livrar-se daquele que se anunciava e ameaçava desgraçá-la diante de tudo e de todos.

Pleiteou uma longa viagem, acompanhada por sua serva mais fiel e longe de casa aguardou o tempo certo.

Antes do parto regressou e albergou-se na casa de uma amiga de confiança, algo distante dos seus.

Após muitas horas de sofrimento e dúvidas quanto a sobreviver ou não, ouviu os primeiros vagidos de seu filho. Por instantes fugidios, o seu coração de mãe sensibilizou-se, mas controlando-se, rejeitou o sagrado sentimento da maternidade e ordenou à Berenice que o levasse para longe.

Dela ouviu apenas que era uma bonita e forte menina...

Assim, o pequenino ser, enrolado em panos, foi abandonado num lugar de difícil acesso, num bairro vizinho.

Para Carlota, tudo parecia resolvido.

Passando o tempo previsto para se recuperar, mais corada e aparentemente bem, regressou ao seu lar, narrando supostas peripécias vividas durante a viagem.

Os anos se passaram e ela procurou esquecer a filha rejeitada. Mas, quando tudo parecia esquecido, caiu muito doente para nunca mais se levantar.

Em meio a inúmeros e diferentes tratamentos, ela foi desanimando. Já não acreditava mais na cura.

Perdendo o vigor que antes a caracterizava, foi definhando diante de pungente remorso, condenando-se atormentada pelo crime praticado.

Desejou ardentemente que sua filha tivesse sobrevivido e que a vida lhe permitisse reencontrá-la para pedir-lhe perdão, antes de enfrentar o tribunal de Deus.

Um dia, depois de confessar-se ao seu orientador espiritual, padre Stefânio, decidiu contar tudo ao pai, pedir o seu perdão e rogar-lhe auxílio para descobrir o paradeiro da filha.

Muito abatido pela imensa tristeza de vê-la perder a beleza e a vitalidade, consciente de que brevemente a morte a conduziria 'ao mundo das sombras', ele perdoou e prometeu tudo fazer para atendê-la.

Desde então, iniciou uma busca que tem se mostrado muito difícil.

*

Dia seguinte, depois de tantas emoções e de uma noite mal dormida, Panderva despertou com um grande movimento na casa, um alarido de vozes e de lamentações...

Seu coração disparou. Entendeu prontamente. Sua mãe desligara-se do corpo para adentrar o plano do invisível e ali percorrer os caminhos que lhe dizem respeito como qualquer outro, quando é chegada a hora.

Durante a madrugada, submetida a medicações extremas que em nada lhe valeram, Carlota entregou sua alma a Deus, agora com a certeza de ter resgatado sua filha para a família e haver recebido o seu perdão.

Seu confessor ministrou-lhe nas vascas da agonia o 'santo viático', enquanto o seu pai segurava em prantos a sua mão, chamando-a pelo nome e rogando-lhe que não se fosse...

Fernando é o retrato da dor. O coração, porém, lembra-o de que outro afeto chegou e, se não substitui a amada filha, lhe traz um grande conforto e a sensação da sua presença.

Enfim, a vida continua e se desdobrará em novos propósitos, afinal, não ficará sozinho!...

Depois dos funerais, profundamente triste por não ter conhecido sua mãe antes, Panderva requisita ao avô algum tempo para organizar-se e decidir o que deseja de fato para a sua vida.

O avô compreende e lhe concede total liberdade a fim de que a moça, surpreendida com tantas informações e prováveis mudanças, reflita quanto ao próximo futuro.

Vai reconhecê-la legalmente, assim que possa.

Panderva regressa à casa de Wladimir.

Ali, junto à Forbes e Cirineu, e principalmente sob a orientação e o zelo de Wladimir, ela reflete quanto aos próximos passos.

Esse lar tem sido o seu bendito farol, um pouso de paz e segurança, uma convivência respeitosa e alegre. Como se furtar a isso e assumir a incógnita de outra realidade desconhecida? Não se sente preparada para tanto, afinal, faz pouco tempo que se modificou e aceitou a segurança da casa dos Vladosk.

Abraçada ao seu cãozinho, ela passa horas infindáveis em silêncio no pátio da casa refletindo.

Alguns dias depois, com Felizardo saltitante ao seu lado, dirigiu-se ao 'seu lugar'. Queria rever tudo, sentir de novo o que aquele passado representara em sua vida.

Perambulou, sem se preocupar com as horas, observando aqui e ali, revendo pessoas e recordando situações tantas vezes vividas.

Não viu mais Minerva. Pensa que ela deve ter ido procurá-la em outras paragens.

O que ela ignora, porém, é que ao receber uma soma considerável das mãos de Wladimir para deixá-la em paz, Minerva se foi, feliz e esperançosa, à procura do amante que reside em local distante.

Com os recursos financeiros, apresentou-se melhor e deu novo colorido à relação.

O que ela não podia adivinhar é que, assim como Carlota, ela em pouco tempo daria contas aos céus dos seus atos.

Ambas traziam compromissos ligados à existência de Panderva, mas falharam fragorosamente.

Wladimir, Norberto, Cirineu e Forbes fazem parte de outro grupo de almas boas que a conhecem de longa data; apostaram em sua transformação espiritual e hoje fazem tudo para sustentá-la nas suas novas ações, desta vez voltadas para o bem e para o amor verdadeiros.

La vita è così!...

Mais alguns dias e Panderva comunica a Wladimir que decidiu ir morar com o avô:

– Gentil-homem, querido amigo, não tenho palavras suficientes nem adequadas para lhe agradecer tudo que fizeram por mim! Deus me permitiu encontrá-los no deserto que era a minha vida e vocês se tornaram para mim um ansiado e benfazejo oásis! Junto a vocês encontrei sempre o auxílio de que precisava, respeito, consideração e pouso certo. Aqui nasceram as minhas esperanças de ter um lar que fosse meu e o reconhecimento legal de mim mesma!

Apesar desta minha decisão, que não é irrevogável, pretendo fazer tudo que for possível para acertar o passo na casa que deveria ter sido o meu lar desde sempre.

Enfim, realizarei os meus sonhos de ter uma família. Contudo, requisito-lhe o consentimento para em qualquer tempo regressar para cá e fazer uso da sua hospitalidade!

Emocionado, Wladimir lhe responde:

– Minha querida amiga, as portas da nossa casa e as portas dos nossos corações estarão sempre abertas para você! Espero que não se esqueça de nós! Seja muito feliz em sua nova proposta de vida!

Impossibilitada de responder, tal a sua emoção, ela balança a cabeça afirmativamente, controlando-se para não chorar...

– Por favor, diga ao seu avô para me procurar na corte provincial, pois desejo lhe falar!

Panderva sai e ao vê-la distanciar-se, Wladimir reflete quanto ao próximo futuro. Pressente mudanças radicais na sua e na vida de seu filho...

A solução para Panderva chega na hora certa. Junto ao avô, ela terá proteção e amor. Para ele e sua casa, ela levará a sua sabedoria, o seu carinho aos semelhantes e o seu exemplo admirável de força e de coragem moral.

"Enfim, todos sairão ganhando!..." – conclui Wladimir.

Fernando comparece à corte provincial e é recebido por Wladimir:

– Seja bem-vindo! Sente-se e fique à vontade!

– Agradeço-lhe, caríssimo senhor! O meu agradecimento é muito amplo, pois devo dizer-lhe da minha gratidão eterna por tudo que tem feito por minha querida neta! Eu sei que em sua casa ela encontrou sempre tudo de que precisava e que a vida lhe negou por circunstâncias que ambos conhecemos!

Emocionado em excesso, Fernando faz uma pausa que Wladimir aproveita:

– Quero, também, senhor Fernando, lamentar a grande perda

de sua filha Carlota! Que sua alma esteja bem e tenha encontrado misericórdia diante de Deus!

– Que assim seja!...

– Pedi que viesse para as assinaturas finais dos papéis que legalizam, segundo sua vontade e da própria interessada, o vínculo indissolúvel familiar que a partir de agora fica oficialmente reconhecido e legalmente sacramentado na forma da lei.

Permita-me dizer-lhe com uma emoção muito grande que ela escolheu o seu novo nome, civil, em homenagem à minha mulher, Isolda, há muito falecida, mãe de meu filho Norberto, a qual ela conheceu apenas através da nossa saudade! Sua neta declarou ainda que escolheu este nome para sentir-se parte da nossa família. Afianço-lhe, meu caro senhor, que ela nos honra e faz felizes, nesta declaração tão forte de afeto!

– Enfim, temos muito a agradecer à própria vida!

– Certamente, caro conde!

Fernando responde convicto:

– Eu, muito mais, pois que sequer mereço!

– Se fosse assim, as coisas não teriam chegado a bom termo como chegaram. O Criador sempre tem ótimos planos para todos nós.

Suspirando, Fernando declara submisso, porém duvidando:

– Se é o senhor quem diz...

Wladimir acrescenta ainda:

– A partir de hoje, caro conde, o senhor se torna o responsável direto pelo destino dessa moça que hoje se surpreende diante de uma nova realidade. Ela precisará de muita compreensão. Espero que convivam muito bem! Quero reafirmar que ela terá sempre um lugar reservado em minha casa e o afeto de todos nós!

– Agradeço-lhe, mais uma vez e sempre!

Após alguns quartos de hora de boa conversa, despedem-se com um aperto de mão.

Wladimir suspira aliviado. Parece-lhe que os antigos problemas de Panderva finalmente caminham para uma boa solução.

Recorda presto a sua situação e de seu filho, frente às incertezas de futuro...

Os seus inimigos, no momento, estão a braços com os novos sucessos que os envolvem, ante a personalidade que lhes toma todo o tempo e lhes exige atenção e zelo constantes e desestabilizadores.

Assim, por enquanto, estes não têm como prosseguir nas suas maquinações.

Pai e filho intensificam as providências quanto à vida fora de Florença. A razão lhes diz ser esta a conclusão mais lógica.

O NOIVADO

Nos salões feericamente iluminados, o barão e sua filha recebem os seus convidados.

O alarido das conversas e as diferentes atrações oferecidas se harmonizam com as músicas executadas por virtuoses, nos mais variados instrumentos espalhados pelos diversos espaços, decorados na intenção de deslumbrar e de divertir, sem esconder a patente intenção de exibir, simultaneamente, o régio poder dos brasões da família.

As festas quase sempre existem para comemorações, homenagens e o esquecimento parcial das tensões diárias que todos indistintamente enfrentam todos os dias.

Uma grande maioria é afeita a qualquer tipo de diversão, sem responsabilidade e sem freios. São eles os grandes desiludidos da alma, que buscam sufocar os gritos do coração com os ruídos intensos e enganadores das aglomerações e dos festejos.

Para Brunilda, a efeméride se assemelha a uma condenação, pois, a despeito da sua vontade, sua sorte está sendo decidida por seu pai, objetivando apenas os interesses dele.

Enquanto a festividade se desenrola ruidosa, atraente e concorrida, ela estremece de pavor, ante o que certamente virá.

Intimamente, já decidiu que de qualquer modo não se submeterá à vontade de seu pai ou de quem quer que seja, pois jamais prescindirá da felicidade que almeja ao lado de Norberto, seu único e verdadeiro amor. Morrerá por isso, se preciso for, porque viver segundo a vontade alheia nunca fez parte da sua natureza.

Seu pai, como de hábito, subestima-lhe a capacidade de reagir e de lutar por aquilo que deseja.

Por essa razão, ela recebe tantas pancadas.

Von Braun esquece que ele e a filha são feitos da mesma cepa; ele direcionando mal a força que carrega, e ela usando força semelhante para se defender e viver como quer.

Infelizmente, ainda que sejam pai e filha, eles lutam em lados opostos...

"Irei ao Walhalla se preciso for, porém, lutando por mim e por meu amor!..." – ela grita interiorizada.

Aquilo que vier, após a sua reação, certamente será melhor que aquilo que tramam para o seu futuro.

Desde cedo aprendeu a articular e a medir a distância entre aquilo que deseja e aquilo que pode alcançar. Assim, tem criado para seu pai dificuldades sem conta, naquilo que a vida lhe exige para defender-se e defender aquilo no qual acredita.

Não reagirá, caso ele se imponha nesta abominável noite, mas aguardará ocasião mais propícia, como boa estrategista que é.

E, como já era esperado, ao longo da festividade, surpreendeu-se envolvida num contrato de noivado com um nobre de ascendência germânica, poderoso e rico, altivo, arrogante e tão ambicioso quanto o seu pai.

Desde o primeiro momento abominou-lhe a proximidade. Sequer para seu amigo ele serviria. Gestos empolados, enfatuado, voz áspera, expressões vulgares, ele se esforça para conquistar a 'sua noiva'.

Todavia, esse barão, apesar da recusa e do visível desgosto de Brunilda, afastou acintoso qualquer outro, exibindo arrogante o seu favoritismo.

Desse modo, como se estivesse num terrível pesadelo, além de suportar tristemente a insistência abominável da presença daquele que se julga seu pretendente, Brunilda passou a ouvir entre risinhos e olhares nada discretos os comentários do seu pretenso noivado. A partir daquela noite, Florença saberia ser ela a futura esposa daquele nobre, com o beneplácito de seu pai.

Sentiu-se sufocar e teve vertigens...

Por vezes, desejou gritar-lhe em pleno rosto que jamais se casaria com ele, mas o olhar fero do pai não deixava dúvidas quanto à sua provável reação.

Sem outra saída, dançou com ele toda a noite, suportando-lhe as diatribes.

Apertando-a insolente contra as suas numerosas medalhas, e ainda que ela o empurrasse veementemente, ele sussurrou-lhe ao ouvido palavras galantes e lhe fez promessas fabulosas, entre estudadas expressões românticas no mínimo patéticas!...

"Pobre infeliz! – Brunilda concluiu – se ele soubesse a enorme distância que o separa de Norberto, em todos os sentidos, fugiria para bem longe e se esconderia num buraco bem fundo!... Como comparar uma estrela rutilante a este boneco enfeitado e colorido que se julga um deus?!"

Notando-lhe um leve sorriso, ele arriscou:

– Enfim, eis que sua alma vem à tona!

– Se eu tivesse o dom de enxergar almas, não me atreveria sequer a olhar para a maior parte daquelas que se encontram neste salão! Devo confessar que estremeço de pavor diante de tal possibilidade!

Algo incomodado, ele observou que ela não fez a delicadeza de isentá-lo da abominável perspectiva.

Ressentido, pensa no inusitado prazer que terá em 'domar' tão bela quanto inteligente mulher:

"Conquistá-la será um prazer incomparável!" – conclui vaidoso, enquanto cofia os bigodes longos e recurvos.

Muito incomodada e exausta por tanta persistência, Brunilda livra-se dele, alegando a necessidade de refrescar-se.

Arrasta Lúcia do salão e sai com ela em direção ao jardim.

Ali desabafa:

– Oh, minha amiga! Que tormento suportar a proximidade daquele fantoche! Sinto ânsias de atirar-lhe ao rosto a minha repugnância, mas devo ser cautelosa. Meu pai já me olhou muitas vezes, censurando-me e de certa forma avisando-me das consequências da minha patente rejeição à corte desse homem insuportável!

– Cautela é a palavra certa, minha amiga! Seu pai já elegeu o barão para seu genro!

Diante dessa constatação, ela estremece enquanto a amiga prossegue:

– Você, mais que ninguém, sabe do que ele é capaz! Eu que já vi muita coisa, tremo só de pensar! Quantas vezes já choramos juntas, curando as suas feridas causadas por ele? Eu já perdi a conta!

– Você sabe aquilo que vivo... Meu pai e assim como ele, muitos outros, castigam cruelmente os seus filhos. Algumas vezes, nós sabemos, eles tomam medidas bem mais extremas! Tenho consciência de que a minha e a vida de Norberto nada valem, ante a vontade de meu pai. A ameaça menos grave é a minha ida para um convento, porque eu sei que num momento de fúria, ele será capaz de ferir-me gravemente e até me matar!

– Pobre Brunilda! Não vejo solução para você...

– Nem eu, mas não me submeterei, haja o que houver! Você verá, Lúcia!

– Eu sei que vai enfrentá-lo, minha amiga. Se não agora, quando julgar conveniente! E como será?... Tremo só de pensar!

Sem sequer ouvir a amiga, Brunilda decide:

– Preciso falar com Norberto o quanto antes! Triste sina a minha! Ser filha de um homem tão cruel!...

Abraçando-a pelos ombros, Lúcia aconselha:

– Venha, voltemos ao salão. Seu pai se aproxima. Certamente vem buscá-la e se você não for, ele a constrangerá a fazê-lo de qualquer modo. Contra ele você não possui defesas.

Respirando fundo, Brunilda aceita a sugestão e volta ao salão, passando pelo pai que a fuzila com um terrível olhar.

Enfim, ao final do malfadado banquete, o barão comunica e sacramenta o noivado de sua filha, revelando o fato oficialmente.

As comemorações foram iniciadas ali mesmo e as libações entraram pela madrugada. Os cumprimentos foram incansáveis da parte dos convidados.

Como num pesadelo, Brunilda viu-se cercada por senhoras deslumbradas e insensíveis que a crivaram de indagações das mais disparatadas e entre risinhos nada respeitosos e ditos tão abomináveis quanto os seus próprios pensamentos, anteviam as intimidades do futuro casal.

Algumas vezes perdeu a condição de tolerá-las, respondendo-lhes com azedume.

Aqueles que a cercaram durante horas extenuantes, contudo, compreendiam qualquer coisa, afinal, o barão estava radiante e consequentemente eles também deveriam estar. Colocavam o mau humor da noiva no excesso de mimos que o pai deve lhe prodigalizar.

Algumas reviravam os olhos e suspirando fitavam o 'noivo', desejando estar no lugar de Brunilda.

A OCASIÃO

Consciente da urgência de tomar decisões, Brunilda envolve de tal maneira a ama, que esta não tem como lhe negar um justo pedido:

– Mina, por tudo que você mais ama! Ajude-me a descansar a minha pobre cabeça depois dos atropelos que vivi durante a festa! Preciso de ar puro e de descanso, por favor!

– Onde pretende 'repousar', Brunilda? Não está me enganando, como sempre faz?

– Eu, enganando você, minha querida Mina? Eu seria incapaz! Mas, se você gosta mesmo de mim, vai me ajudar, não vai?

Com os olhos melosos de Brunilda sobre ela, Mina quis saber:

– Com quem irá?

– Vou convidar Lúcia e sempre teremos a vigilância competente de Percival! Esqueceu?

– Não... Como esquecer tão belo homem, não é? – ela dá um risinho e esconde o rosto.

– Pois é! Além de bonito ele é muito cuidadoso!

– Hum... Eu também irei! Assim seu pai confiará mais!

– Faça isso, Mina!

Tudo acertado, no dia seguinte bem cedo, todos se aprontam para o passeio.

Mina arranja tudo, mas Brunilda, atenta, espera ela ficar sozinha no quarto, sai de mansinho e a tranca por fora.

Seu pai não está em casa e os outros criados estarão muito

ocupados em outros espaços distantes dos seus aposentos.

Assim, depois de muito gritar esbaforida, a ama adormeceu cansada e concluindo que sua protegida é mesmo um pequeno diabrete. Espera que ela regresse o mais rápido possível, principalmente antes de o barão voltar para casa.

Horas depois, estacionando a carruagem num aclive, Percival divisa Norberto a uma razoável distância a esperá-los. Lúcia providencialmente avisou-o do lugar e hora.

Brunilda desce, junto à Lúcia, à encosta.

Cuidadosa, esquadrinha tudo ao redor e se dirige até onde ele está.

Afastando-se, discreta, Lúcia deixa-os a sós.

Abraçados fortemente e em silêncio, ambos exibem um extremo abatimento físico.

Norberto não dormiu. Sabia do evento e temia.

Brunilda sequer deitou-se. Depois do banquete, vendo a própria sorte decidida, entregou-se ao pranto e isso aliviou em parte o seu coração.

Lúcia decide conversar com Percival e volta a subir o aclive.

Algo escondidos entre alguns arbustos, Brunilda e Norberto conversam:

– Aqui estamos, meu amor, e para minha tristeza, eu já sei de tudo... Era claro como o dia que isso viria acontecer!

Aconchegada ao coração de Norberto, ela responde:

– Estou disposta a qualquer ação que possa nos libertar desse laço que está sendo atado à minha vida sem o meu consentimento! Como sabe, meu pai é poderoso e não há como duvidar de represálias!

Fitando-a, firme e amoroso, Norberto aventa a hipótese:

– O que pensa quanto a sairmos definitivamente de Florença? Você deixaria tudo para trás? Por nós?

Sustentando-lhe o olhar com o mesmo carinho, ela indaga num tom de amargura:

– O que eu estaria deixando para trás, Norberto? Riqueza, luxo, poder, uma vida vazia e artificial? A escravidão que encontrei desde sempre ao lado de um pai mercenário, numa realidade sufocante e de futuro sombrio?

Apiedado, Norberto lamenta profundamente a vida daquela que para ele representa tudo.

Ampliando o seu pensamento, Brunilda acrescenta corajosa e decidida:

– Ainda que tudo fosse diferente e que eu estivesse deixando para trás valores indiscutíveis, eu agiria da mesma maneira. Minha vida pertence tão somente a mim e ao meu Criador! Se Ele mesmo nos concede total liberdade é porque assim deve ser! De que valerá a vida se você não estiver ao meu lado? Nós somos inseparáveis! Está decidido! Farei aquilo que você quiser! Sei, sem sombra de dúvida, que aquilo que você determinar será o eco sagrado da minha própria vontade! Diga-me quando, onde e como, e eu o seguirei sem olhar para trás!

Abraçando-a forte e apaixonadamente, ele sussurra, completamente submetido aos encantos dessa mulher que é a razão da sua existência:

– Minha guerreira invencível!... Amo você!...

– Somos iguais, meu amado, e também amo você!...

Enquanto isso, dois homens mal-encarados aparecem, disfarçando. Com olhos de aves de rapina, batem tudo ao redor. Eles descem cautelosos por outro ângulo, como predadores farejando as presas.

Lúcia e Percival foram vistos por eles, mas sequer pressentiram as suas presenças.

Norberto, contudo, desde cedo afeito a defender-se e ao seu pai, divisou-os de pronto. Pede silêncio a Brunilda e a arrasta um pouco mais para uma sombra maior, mas que lhe permitia observá-los, aguardando-lhes as próximas ações.

Um deles, depois de constatar a solidão de Percival e Lúcia, aproxima-se enquanto o outro, acariciando a arma que traz na cintura, observa.

Colocando-se em guarda, Percival fica em posição de defesa. Contrapõe o seu corpanzil na frente da moça e espera.

Lúcia estremece e sente-se paralisada.

– Oh, meu bom homem! – exclama ladino aquele que chega.

– Está livre para uma corrida? – enquanto fala, aproxima-se, sem se deter, esquadrinhando tudo ao redor.

– Por quem sois! Este veículo pertence ao senhor barão Odorico, como podeis constatar facilmente pelo brasão!

Sem diminuir a sua marcha que a cada novo passo faz o coração de Lúcia trepidar, ele se acerca do veículo e 'fareja' como um cão de caça, medindo cada cantinho, e constatando, enfim, que ele está completamente vazio.

O seu comparsa não perde um gesto sequer dos três e Norberto faz o mesmo, ignorado e à distância...

Ciente de que a carruagem está vazia, indaga curioso:

– E o que fazem num lugar tão deserto? Ou seria melhor que eu não perguntasse? – pisca os olhos em sinal de cumplicidade maliciosa.

– Ainda que não lhe diga respeito, nós paramos para descansar!

– Ah! Então vão adiante? Hum... Sei... Posso saber para onde? Talvez nos sirva também, como uma oportuna carona!

Percival nega-se a responder e o outro completa:

– Bem, até logo! Tomem cuidado com salteadores de estrada! – à alusão, debochada e adequada para a ocasião e para a sua 'profissão', ele desata numa sonora gargalhada.

Percival continua em atitude de defesa, enquanto ambos se afastam trocando olhares.

Lúcia respira e sequer imagina onde e como estarão Norberto e Brunilda.

Vendo que por ali as coisas estavam resolvidas, Norberto arrasta Brunilda rápida e silenciosamente, adentrando a mata virgem que muito próxima deles cerca toda a região.

O lugar facilita uma retirada estratégica e oferece grandes possibilidades de esconderijos.

Assim, depois de uma corrida vertiginosa, eles aproximam-se de uma gruta, na qual a vegetação disfarça oportunamente a entrada.

Caminhando cuidadosos e internando-se ao máximo, eles se escondem. Tateando na semiescuridão e amparando-a, Norberto encontra um espaço mais amplo que lhe parece apropriado. Ali, silenciosos e expectantes, eles permanecem aconchegados.

Brunilda controla-se heroicamente quanto ao pavor que lhe invade de topar com alguma serpente ou outro animal rastejante.

Depois de um tempo que lhes pareceu interminável, ouvem ruídos de passos e a altercação de duas vozes, que discutem quanto ao caminho correto. Entre palavrões intraduzíveis, culpam-se mutuamente.

Depois de muito procurar, cansados e desanimados, eles se sentam e entabulam uma conversa:

– O cocheiro e a amiga estão lá em cima, mas onde estão a filha do barão e o finório? Aqui é muito deserto e você muito estúpido! Quem lhe disse que eles estariam aqui?

– Foi esta a indicação que recebi!

– Aqueles dois lá em cima parecem muito à vontade!... Já batemos metro a metro as redondezas e nada!...

– Só nos resta voltar!

– Voltar, seu idiota? Esqueceu que temos a incumbência de só regressarmos com aquele que procuramos, vivo ou morto?! Você se atreveria a voltar e dizer que a nossa empresa foi abortada?

– Não, certamente... Mas se não voltarmos, não receberemos o pagamento!

– O pagamento de quê, seu estafermo? O que temos para apresentar e exigir a recompensa?

– Ai de mim!... Deus não é justo comigo! – o outro se lamenta como uma criança desconsolada.

O companheiro pensa, levanta-se e declara enfático:

– Muito bem! O que está feito, está feito! E aquilo que não foi feito, nos atirará num buraco eterno se não fugirmos rápido!

Arrepiando-se, o outro fita o companheiro, quando ouve dele a própria decisão:

– A partir de agora, será cada um por si! Faça o que quiser, porque eu já sei para onde vou! Adeus!...

Fita o comparsa e desabafa:

– Enfim, me livro de vez de você, seu idiota! Nunca mais quero vê-lo!

Isso dito, ele se vai, apressado e sem olhar para trás.

Percival e Lúcia, aflitos, inquietam-se com a demora do casal.

Por prudência, Norberto e Brunilda permanecem escondidos. Não sabem aquilo que encontrarão ao sair dali. Tremendo, ela pensa que a qualquer momento algum réptil vai passar por ela e subir nas suas roupas.

O comparsa, desprezado, não sabe para onde ir, mas ainda assim se vai correndo, sem rumo e sem destino.

As horas passam inexoráveis.

Percival e Lúcia decidem procurar Norberto e Brunilda, o que fazem inutilmente.

A tarde findou e a noite não demora.

Decidem regressar apavorados. O que dirão? Qualquer explicação será inútil!

A crueldade do barão é largamente conhecida e com relação ao desaparecimento de sua filha, impossível adivinhar-lhe as reações.

– Percival, se regressarmos seremos massacrados! – Lúcia comenta entre lágrimas. Jamais imaginou-se em situação semelhante. O objetivo era um simples passeio...

– Assim como nós, Norberto deve ter visto os dois e considerou o risco que corriam.

– E o que teriam feito?

– Fugiram, certamente!...Este rapaz deve conhecer bem estas redondezas!

– E nós, o que faremos?

– Faremos o mesmo! Não temos outra saída!...

Esfregando as mãos, desesperada, Lúcia imagina-se num pesadelo.

Percival pensa, pensa... Aos poucos, ele recorda que possui uma casa pequena e distante. Ali residem ainda alguns parentes. Sempre que pode vai vê-los.

Para o momento é a melhor solução. Convida Lúcia e ela aceita.

Ele espera a moça acomodar-se dentro da cabine e incita os cavalos a correr desabaladamente. Em poucas horas saem dos limites da vida citadina de Florença.

Na próxima cidade e num lugar desabitado, ele esconde a

carruagem brasonada para embarcarem noutra, simples e desataviada. Quando descobrirem a carruagem, eles já estarão muito longe.

Lúcia continua chorando. Sua vidinha está ficando para trás... Sua família vai procurá-la, inutilmente. Julgarão que ela está morta em algum lugar... Lamenta deixá-los sem explicação nem despedidas...

Quando poderia supor que isso lhe aconteceria?!

Lamenta agora ter-se envolvido, mas é tarde para arrependimentos.

Percival cuida dela como faria a uma querida filha e assim viajam por muitos dias, em busca de se manterem vivos.

"O futuro pertence a Deus e Ele sabe o que faz!..." – conclui Percival, entristecido frente à nova realidade que se abateu sobre eles.

Verdes campos surgem exuberantes, exibindo plantações diversificadas em grande parte vinhedos.

Noite alta, Norberto e Brunilda saem da gruta.

Do lado de fora, não fosse a lua prateada, a escuridão seria completa.

Voltando sobre os próprios passos, cuidadoso, Norberto resgata o seu cavalo. Felizmente, deixara-o bem escondido.

Acomoda-a sobre ele, monta também, e incita o animal que velozmente se distancia... Não há mais como voltar...

Após muitas horas de cavalgada intensa, ele aluga uma carruagem.

– Aquilo que planejávamos, minha querida, o destino apressou!

– A sabedoria divina nos alcança em qualquer parte deste Universo! Deixar tudo para trás, Norberto, me alivia o coração, mas quanto a você...

– É verdade, não me sinto confortável, por causa de meu pai, todavia, não nos resta por enquanto, outra alternativa a não ser esta. Ele intuirá certamente que chegamos a isso por força das circunstâncias... Assim que puder, me comunicarei com ele. Descobrirei como fazê-lo sem riscos ou prejuízos para ele e para nós.

Determinados e corajosos, os dois seguem, fugindo sempre,

criando a maior distância possível entre eles e os seus inimigos e torcendo caminhos para despistar.

Aos poucos, distanciam-se da amada Florença.

Naquela mesma noite, Wladimir, insone, amarga a incerteza da sorte de seu filho.

Se alguém vier procurá-lo, dirá que Norberto está viajando a negócios e manterá esta afirmação até quando for necessário.

Inseguro, carregando o peso da dúvida, dirige-se ao oratório, ajoelha-se e ora fervorosamente:

"Pai e Criador de todos nós! Só o Senhor pode ver a angústia do meu coração! Por onde andará meu filho? Como fazer para obter notícias? Pressinto que alguma circunstância mais grave e urgente o levou para longe! O que peço, em nome do teu Filho, é que, onde quer que ele se encontre, possa contar com a tua proteção!... Esta certeza me dará forças e esperança!..."

Algo melhorado, busca algum repouso. A madrugada vai alta e ele sente uma grande lassidão.

Deus há de tomar conta de Norberto e também de Brunilda. Seu coração de pai pressente que os dois estão juntos.

"Norberto se comunicará, assim possa..." – conclui.

Assim, naquela noite, desapareceram de Florença: o cocheiro Percival, a filha do barão Odorico e sua amiga Lúcia.

Apesar de ter batido todos os lugares possíveis e imagináveis, o barão não logrou descobrir onde se encontrava o seu 'tesouro'... Estranhou igualmente as ausências de Percival e de Lúcia, que sequer foram encontrados para os devidos esclarecimentos. Afinal, estavam juntos! Suspeita de uma fuga deliberada e a este pensamento torna-se furioso. Em meio a atitudes descontroladas e violentas, faz indagações ameaças e distribui diferentes ordens em todas as direções.

Envia um mensageiro à residência de Lúcia para averiguação.

Desarvorado, revirou, ele mesmo, os cômodos de Percival na ala dos criados, alvoroçando a todos. Até os animais domésticos reagiram, cada qual à sua maneira.

Em patente desespero e em meio a muitas exprobrações, os pais de Lúcia, revoltados e ofendidos, ameaçaram o barão e a sua casa, acusando-o pelo desaparecimento da filha querida.

Brunilda e Lúcia, amigas inseparáveis, muitas vezes permanecem juntas por vários dias e semanas, em passeios, viagens e divertimentos, o que é consentido pelas duas famílias de igual poder e proeminência.

Em poucos dias, diferentes boatos são espalhados pela cidade, a respeito do desaparecimento da filha do barão e de sua amiga; cada qual acrescentando aquilo que pensa e aumentando a carga de confusão.

Wladimir mantém firme a declaração de que seu filho encontra-se distante, em função de sua profissão e a negócios.

Conquanto duvide, o barão não tem provas em contrário.

Completamente desorientado, ele reflete, reflete, e por mais que o faça, não consegue sequer uma ideia salvadora para encetar uma busca mais frutífera.

"Aqueles que contratei para seguir Brunilda desapareceram também!... Haverá nisso algum sortilégio?!" – arrepia-se ao pensar assim.

Espalhou profissionais competentes em todas as direções para investigar o caso.

O pretenso noivo de Brunilda é o retrato da dor e do desencanto, declarando aos quatro ventos que se apaixonara pela bela futura consorte e não se conforma em perdê-la (e aumentar, certamente, o prestígio e o poder financeiro que já exerce em Florença e na sua Germânia).

O PODER DO PASSADO

A CONDESSINHA ISOLDA de Alencar Nogueira, antes Panderva, que a partir de agora passaremos a chamar pelo nome oficial, ambientou-se agradavelmente na casa do avô, pois, uma vez ali, surpreendeu-se com o acolhimento e o carinho de todos.

Enquanto viveu ao lado de Minerva, jamais poderia supor que a vida lhe reservava ainda tanto bem.

Prudence, criada de quarto de sua mãe, apegou-se fortemente a ela. Em seu coração amoroso, a filha tomou o lugar da mãe, que sempre fora 'a sua menina'.

Intimamente, Isolda agradece a Deus a ao gentil-homem.

Visita muitas vezes a casa de Wladimir e sempre que é possível, entabula ótimas conversas com o querido amigo.

Revê também Cirineu e Forbes, hoje muito querida do seu coração. Tem acompanhado vigilante a sua saúde e já a convidou para ir morar em 'sua casa'.

O avô deixa-a muito à vontade e prodigaliza-lhe mimos e atenções constantes.

Através desta 'nova oportunidade', Fernando tenta tranquilizar a alma de sua amada filha Carlota.

Conquistando a todos com o seu jeito espontâneo e a sua bondade, Isolda não descuida de vigiar os próprios sentimentos e inclinações, pois apesar da dura lição que a vida já lhe deu, assim como acontece a muitos outros, ela ainda carrega as antigas tendências.

Integrou-se de tal modo à nova vida que faria qualquer um acreditar que ali nasceu e viveu sempre. Sente-se muito à vontade em ambientes ricos e confortáveis.

Eis o seu 'calcanhar de Aquiles!'...

Sai habitualmente com Prudence para fazer compras e para passear pela bela Florença, agora sob uma nova ótica e expectativa de vida.

Numa loja de modas, onde escolhe bonito chapéu, ela é surpreendida com a presença de Theobaldo.

Este, ao vê-la através da vitrine, muito ansioso, entra e se aproxima, sem que ela o note.

– Se me permite!...

Voltando-se, ela quase perde a respiração.

– Sim? – responde, disfarçando o susto e a insegurança.

– Lembra-se de mim?

Poderia dizer-lhe que não e ele não se atreveria a contradizê-la, cavalheiro que é... Mas como fazê-lo, se bem no fundo do coração estremece de prazer à simples tonalidade da sua voz?

– E, então? – ele insiste excessivamente ansioso, olhos brilhando.

– De onde e quando? – ela prossegue.

– Do dia em que a vi abraçada ao seu cãozinho e a chorar, apiedada pela dor daqueles que morrem de maneira cruel, penalizados pela lei da Igreja, recorda? Não diga que não, peço-lhe! Isto seria frustrante demais para mim, que a procuro há tanto tempo!

– O senhor me procura? Por quê? – ela o desafia, altiva e displicente, como se aquele reencontro não lhe importasse absolutamente.

– Porque não consegui esquecê-la! ele imprime na voz a sedução que exercita e que nesta vida Isolda ignora.

– E tentou fazê-lo? – ela insiste mais à vontade.

– Por que faria isso, se desejava revê-la? Enfim, aqui estamos nós!

Medindo-o, de alto a baixo, aparentando indiferença, Isolda indaga:

– O senhor é sempre assim, tão afoito?

Rindo e curvando-se para aproximar-se mais, Theobaldo responde:

– Nem sempre! Apenas quando algo me interessa demais, como agora!

– Ah!... E tem o hábito de abordar uma moça assim, de maneira tão estouvada?

Envolvendo-a num olhar cada vez mais ardente, ele abaixa o tom de voz e sussurra sedutor:

– Não. Geralmente, sou muito comedido, mas diante da senhorita, impossível controlar-me! Não imagina o quanto sonhei com este momento...

Prudence, que a tudo ouve, algumas vezes se interpõe entre os dois, exibindo uma feição zangada e indagadora.

A moça, por vezes, ri divertidamente da situação, que não deixa de ser hilariante.

Ele, cada vez mais encantado, roga:

– Por favor, não diga que me esqueceu!... E não me julgue precipitadamente! Rogo-lhe consentimento para vê-la mais vezes!

Silenciosa, Isolda reflete:

"Se você soubesse quem somos e o risco que estamos correndo! Preciso fugir de você e de tudo aquilo que você representa!..."

Diante do silêncio dela, ele insiste:

– E então, o que me diz? Em seus lábios, a minha ventura ou a minha desventura! Dê-me uma chance, peço-lhe!

Prudence puxa-a pela manga rendada e sussurra ao seu ouvido:

– Cuidado, minha filha! Este almofadinha está apenas tentando conquistar mais uma! Apenas isso! Não se deixe enganar!...

Silenciosa e ignorando-o intencionalmente, Isolda revira o chapéu que tem nas mãos e, falando à vendedora, concretiza a compra.

Tudo acertado, dirige-se à saída seguida por Prudence.

Theobaldo persegue-a, muito aflito:

– Não se vá, antes de me dizer ao menos o seu nome e onde vive, por tudo que mais ama!

As palavras 'onde vive' fez ecoar nela a certeza de que se ele soubesse quem era e onde vivia quando se encontraram pela primeira vez este reencontro jamais se daria, pois ele teria revelado, sem rebuços, o seu desprezo, se não por palavras, por atos...

Ali parada, com a caixa nas mãos e Prudence a puxá-la pelo braço, impedindo-a de raciocinar direito, Isolda sente que sua razão e o seu coração sugerem soluções completamente opostas.

Com delicadeza, liberta-se de Prudence, afastando-a. Respira fundo, volta-se para Theobaldo e fita-o silenciosa.

Surpreende uma grande ansiedade no seu olhar e se comove. Numa emoção tão grande quanto a dele ela estremece. O olhar daquele homem penetra sem esforço sua alma cativa e fiel a um sentimento que atravessa o tempo...

Ele insiste, cada vez mais ansioso:

– Então? Vai deixar-me assim, sem me dizer quem é e onde mora?

Submetendo-se à voz do coração, Isolda lhe responde:

– Meu nome é Isolda e caso deseje rever-me, como diz, daqui a uma semana estarei novamente nesta loja!

Ela não pode evitar um justo pensamento:

"Há algum tempo, eu não me atreveria a dizer-lhe sequer o meu nome!..."

Ele se inclina, fixa suas pupilas de felino nos seus olhos e beija-lhe a mão que arrebatou precipitado:

– Estarei aqui a esperá-la! Serão os dias mais longos da minha vida!

Saindo apressada, e arrastando Prudence, Isolda se afasta; coração a sair-lhe pela boca e sentindo ainda o olhar ardente dele sobre ela.

Prudence compreendeu tudo: sua menina, apesar dos blefes, está tão interessada quanto ele.

Odiou a presença do rapaz. Achou-o mal-educado e invasivo.

Isolda teme o próximo encontro. Talvez não vá... Tem uma semana para pensar... Suspira e conclui que diante daquele homem não tem nem quer ter defesas. Precisa dele como do ar que respira. O sentimento forte que outrora os uniu continua poderoso, para sua ventura ou ruína.

"Poderei fugir deste destino? A pergunta mais certa seria: Desejo fugir deste destino?... Não! Tudo em mim me inclina para ele, de novo e sempre! Oh, coração insensato! O que virá? Conto apenas com Deus, pois a ninguém mais ouvirei!..."

Ao chegar em casa, ela ouve, paciente e algo distanciada, as carinhosas admoestações de Prudence, enquanto imagina as reações dela quando souber que Forbes brevemente virá morar ali. Já a requisitara ao gentil-homem, que demonstrou, ainda que sem palavras, a sua emoção e a sua aprovação.

A MISSIVA

ALGUNS DIAS SÃO passados.

Numa tarde, quando as atividades se desenvolviam intensas na corte provincial, Wladimir atende alguém que requisita privacidade e sigilo. Tal procedimento é comum e quase sempre justifica os cuidados do requerente, mas o seu coração de pai saltou no peito.

Noite passada sonhara com Norberto. Foi um sonho tão real que despertou a falar-lhe, como faziam habitualmente, expansivos e fraternos...

Ao receber a pessoa em questão, dá ordens para não ser interrompido sob pretexto algum.

Adentrando o seu gabinete, o homem saúda-o, elegante e educado:

– Meus respeitos, senhor Wladimir Vladosk! Fui encarregado de lhe entregar uma importante missiva. Aqui está!

Ao ler o nome do remetente, Wladimir confirma a sua intuição: a carta é de Norberto!

Abre e lê, ansioso:

"Caríssimo senhor Wladimir Vladosk!

Saudações respeitosas!

Confirmando o meu apreço e a minha admiração, comunico-lhe que o nosso negócio está a caminho de alcançar ótimos resultados.

Aguardo-o com certa urgência, pois por razões comerciais, teremos de fazer uma viagem urgente e longa, para confirmar o sucesso da nossa empresa!

Meu abraço!

Grato e reverente,

Ivo de Santorini"

"Querido filho! – pensa emocionado. – Enfim!..."

Disfarçando, porém, a alegria que o invade, agradece e premia o mensageiro com uma polpuda recompensa. Sabe que seu filho já deve tê-lo feito, mas esse homem jamais terá a noção exata do grande favor que lhe presta nesse instante bendito. Em seu coração chamá-lo-á, ora em diante, de mensageiro divino.

Sorri à ideia da qual gosta.

O portador da missiva dirige-se à saída, entre mesuras de gratidão.

Sozinho, Wladimir relê cada linha da carta, banhado em emoção e muita saudade.

Em seguida, queima a missiva e organiza os pensamentos, antes de atender à próxima questão:

"Hoje mesmo tomarei providências para fazer aquilo que devo, o mais rápido possível. Já tenho pensado naquelas que mais de perto me preocupam, como Cirineu e Forbes... Aos dois devo muito ao longo de todos esses anos e é preciso deixá-los bem e em segurança.

Cirineu, amigo e companheiro de tantas lutas! Financiarei o seu regresso à sua terra, indenizando-o regiamente. Há algum tempo ele declara que quando a velhice chegar (apesar da sua teimosia em ignorar que ela já se instalara em sua vida), ele pretende voltar à Gênova e passar o resto dos seus dias perto do túmulo da filha querida e jamais esquecida.

Minha caríssima Forbes, anjo do meu lar, envelhecida e cansada... Certamente deseja, ainda que não diga, ficar com Isolda, a quem se afeiçoou demais. O desejo de Isolda, assim, será atendido mais cedo do que imaginávamos. Darei à Forbes um ótimo pecúlio para a sua velhice. Ela ficará muito bem, não duvido, ao lado de sua menina travessa', pois Isolda cuidará dela com muito carinho.

Forbes e Cirineu contribuíram muito, a fim de que estivéssemos sempre bem e confortáveis em nossa casa. Serviços e dedicação como esses valem ouro!... Enfrentar o dia a dia tranquilos, quanto à administração de nossa casa, sempre fez toda a diferença em minha vida e na de meu filho... Que os céus os abençoem e os recompensem!"

Olhando ao redor, ele conclui que esta fase de sua vida está se encerrando. O futuro será uma grande incógnita.

Respirando profundamente, conclui:

– *Alea jacta est!...* Mundo! Aqui vou eu! E que os céus nos sejam propícios! Navegaremos com a bússola divina do Criador com amor, esperança e muita fé!

Reflete quanto ao que fará:

"A minha saída de Florença precisa ser estratégica e misteriosa... Preciso me movimentar rapidamente... Muito breve, espero em Deus, estarei abraçando o meu querido filho! Oh, Senhor! O quanto tenho a vos agradecer!..."

Neste dia, Wladimir encerra o seu expediente mais cedo.

Por longos minutos observou, grato e carinhoso, cada móvel, objeto de trabalho, a decoração ambiente que sempre lhe proporcionou conforto e facilidade para trabalhar...

Ao sair, abraçou emocionado os seus funcionários. Provavelmente, nunca mais os verá...

Fez tudo isso de maneira brincalhona e disfarçada. Ninguém pode suspeitar que ele não mais regressará à corte provincial da bela e florescente cidade italiana que dominou os seus sonhos de moço, enchendo-o de planos, realizados quase todos... Continuará amando-a e reverenciando-a por onde quer que vá. Grande parte de sua história e de seu filho ficarão ali para sempre.

No caminho de volta, admira cada espaço tão conhecido pela última vez... Assim como tantas outras coisas, que agora farão parte de um passado.

Enquanto a carruagem balança, ele acaba cochilando.

Ao chegar, convoca Cirineu.

– Como adivinhou, senhor Wladimir, que a carta era de Norberto?

– O meu grande amigo Ivo de Santorini já entregou sua alma a Deus há algum tempo. Só eu e Norberto sabemos disso. Nesta carta meu filho me diz tudo que preciso saber e ainda que ela caísse em mãos erradas, não representaria perigo algum.

– Genial!

– Assim sendo, Cirineu, devo viajar o mais depressa que puder e não pretendo regressar.

Cirineu leva um susto. Agitado, faz indagações pertinentes e Wladimir explica-lhe suas intenções quanto ao seu futuro próximo:

– Aconselho-o a sair daqui também e rápido. Se vierem me procurar, você estará correndo perigo, meu amigo. Que Deus o guarde sempre! Eu e meu filho somos gratos a você, por tudo, Cirineu!

Cabeça baixa, lágrimas a rolar, Cirineu compreende. Sabe que aquilo que está em jogo é muito grave e pode envolvê-lo também.

– A vida decidiu assim e Deus cuidará de todos nós, senhor Wladimir! – ele exclama chorando.

Arrebatado, abraça Wladimir, que por sua vez tem os olhos marejados de lágrimas e retribui-lhe o gesto de amizade.

– Peça a Forbes para vir falar comigo e em seguida prepare-se para levá-la até a casa de Isolda!

–Sim, senhor!

Cirineu sai e em alguns minutos Forbes adentra o gabinete de Wladimir:

– O gentil-homem mandou chamar-me?

– Sim!

Forbes senta-se à frente dele curiosa.

“Cirineu estava emocionado e entristecido. O que virá?” – pensa.

– Forbes, caríssima amiga! Alguns acontecimentos recentes me obrigam a viajar para muito longe!

– Oh!... Vai embora de Florença?

– Sim, mas ninguém pode saber! Disso depende a minha e a segurança de Norberto!

– Onde ele está?

– Distante daqui. Assim foi preciso.

– Sequer nos despedimos! – ela comenta entristecida.

– Nem eu mesmo pude fazê-lo. As circunstâncias o levaram para longe, inesperadamente.

– Ele está bem?

– Sim! Louvado seja Deus!

– Amém!...

– Antes de sair, quero que fique em segurança! Por isso, peço-lhe que vá para junto de Isolda. Sei que este é o desejo de ambas.

– É verdade! Sinto muito a falta dela...

– As coisas se precipitaram, Forbes, e aquilo que seria feito em tempo hábil e com tranquilidade deve ser agilizado por medida de segurança.

– Assim sendo, farei aquilo que me ordena, senhor Wladimir. Afinal, até mesmo quando tem problemas como aqueles que posso adivinhar, o senhor nos protege e de algum modo nos auxilia! Que Deus o recompense por tanta bondade e sabedoria!

– O meu coração, Forbes, é que agradece à própria vida os afetos que ao longo dos anos me concederam tanto! Você receberá o seu pagamento acrescido de valores que poderão manter você por muito tempo e com tranquilidade. Agradeço-lhe por tudo e jamais a esquecerei!

Já chorando, Forbes faz uma leve reverência e sai. Seu coração já tão experiente da vida lhe diz que nunca mais o verá.

A perspectiva de estar junto à Isolda a consola em parte.

Deixando-a na mansão do conde Fernando e junto à Isolda, à qual explicou em poucas palavras que Wladimir e o filho farão uma viagem de negócios, mas ela não deve dizê-lo a ninguém, Cirineu despediu-se da moça.

De regresso, já encontrou seu patrão em meio à azáfama da preparação de malas e bagagens.

– Cirineu preciso ainda de um favor!

– O que desejar, senhor!

– Nós temos a mesma altura e o mesmo peso, não é?

– Sim!

– Empreste-me uma das suas roupas mais simples e um chapéu também.

– Farei isso agora mesmo!

Cirineu vai providenciar as roupas pensando:

"O patrão sabe o que faz!"

Wladimir, que há algum tempo se desincumbe de papéis e documentos e de quaisquer dependências financeiras e que também já havia transferido os seus negócios para outra cidade por medida de precaução, finalizou tudo.

Esvaziou as gavetas de papéis e manuscritos relativos aos seus estudos científicos e acondicionou tudo para levar.

Providenciou aquilo que diz respeito a Cirineu e entregou-lhe dinheiro suficiente para a sua velhice, onde ele quiser.

Ficou só, completamente só, a cismar...

Caminhou pela casa, despedindo-se dela e de tudo que já vivera ali...

Chorou... Como não fazê-lo? Deixará tudo para trás!

Nos aposentos de Norberto organiza aquilo que deve levar.

Noite alta, vestido nas roupas que foram de Cirineu e pondo sobre a cabeça o chapéu que lhe cobre em parte o rosto, ele sai de casa, embarca num coche de aluguel com malas e bagagens e despede-se para sempre de sua amada Florença...

"Que o Senhor de todos nós me acompanhe!..." – pensa e recosta-se confortavelmente no assento, enquanto lágrimas quentes caem sobre as roupas de Cirineu, molhando-as...

Admirando-se nas vestimentas do criado, conclui:

"Bom amigo o Cirineu! Que os céus o protejam! Sentirei saudades!"

A SAÍDA DO CARDEAL

ALGUM TEMPO MAIS e dom Anastácio decide voltar ao seu lugar, pois assim denomina Roma, onde vive e atua de maneira poderosa e maquiavélica entre os seus iguais.

Dispensando a aprovação de quem quer que seja, ele inicia uma pequena revolta por tudo que o cerca, na intenção declarada de desestabilizar mais uma vez a tudo e a todos, enquanto organiza a própria retirada.

Em meio a muitas bagagens e régios presentes, ele declara que está ansioso por viajar, mas quanto ao próximo destino, fecha-se como uma ostra. Alimenta prazeroso o mistério que o envolve.

A mesma parafernália da chegada é montada para a saída, deixando em polvorosa aqueles que devem estar à sua disposição.

A corrida e a azáfama que se vê são notáveis, com acontecimentos inacreditáveis e um movimento surpreendente.

A bela cidade está confusa, atordoada, fora dos eixos, enfrentando-se todos como inimigos ou vendo-se como surpreendentes companheiros.

Para não sucumbir sob a mesma tempestade, ajudam-se, ainda que desejem que o outro desapareça da face do planeta.

Impaciente, aos gritos, e metido em vestes inapropriadas, dom Anastácio repreende a quantos correm de cá para lá, exigindo-lhes mais eficiência, competência, obediência e, sobretudo, resultados.

É assaz hilariante ver autoridades das mais proeminentes saltarem de um lado para outro, a atendê-lo nas suas menores e quase sempre descabidas exigências.

Zombando de tudo e de todos, ele parece ter simplesmente a função de desarticular as instituições, das quais faz parte, para provar-lhes a ineficiência.

Algumas horas se passam assim, em espetáculos, no mínimo dignos das comédias dos teatros de variedades.

Dom Anastácio esbraveja e declara para desespero de muitos que já fez o seu relatório e que o levará para aqueles que conduzem os destinos de qualquer cidade submetida à Igreja, o que perfaz territórios imensos e até insuspeitados.

Quase todos, porém, sabem que este homem, religioso por profissão e não por fé, 'condutor de almas' como se intitula, superior declarado e assumido, há muito declinou da própria dignidade.

Todavia, as heráldicas que carrega e representa são de fato oficiais e graves demais para serem menosprezadas.

SABEDORIA

NA CASA DO avô, hoje sua também, de fato e de direito, Isolda segue a sua vida fazendo o melhor que pode, ante o já estabelecido.

O avô apegou-se de tal forma a essa neta que por vezes a confunde com sua saudosa filha, Carlota. Nestas ocasiões, para o seu coração sofrido, o tempo parou e nada daquilo que houve realmente aconteceu...

Ela compreende e sabe que com o passar do tempo, ele aceitará melhor a realidade.

A sua alegria e bondade espontâneas conquistam cada vez mais o coração do avô e este, submetido aos seus encantos, passa horas ao seu lado, ouvindo-a interessado, afinal, para este ser ainda tão jovem o que não falta é experiência.

O cãozinho corre e late por toda a casa, com o aval de todos.

É e será sempre o melhor amigo de sua dona, até o dia em que deixar o mundo.

Enfim, Forbes assimilou com maestria os hábitos e os costumes da casa dos Nogueira, muito bem assistida e acarinhada por Isolda.

O seu reumatismo torna-se cada vez mais intenso e consequentemente muito doloroso.

Os tratamentos que faz aliviam em parte as crises, que a atiram em períodos de muito sofrimento ao leito.

*

Assim como Forbes e Prudence, milhares de outras mulheres realizam, ainda que não gerem filhos, os seus anseios femininos, dedicando-se aos filhos de outras mães, sobre os quais derramam abnegadas o sentimento sublime do amor incondicional que a própria natureza lhes concede.

O Criador tem contado com estas criaturas ao longo dos milênios para amenizar a ausência das mães biológicas, e nós, ao longo das nossas jornadas de evolução, quantas vezes já nos beneficiamos deste admirável e precioso amor? Que importa que não tenhamos saído dos seus ventres, quando elas nos acalentaram, educaram, amaram até o sacrifício e nos seguiram os passos até mesmo depois da morte do corpo?

Muitas vezes, por motivos ignorados, e através da misericórdia do Senhor de todos nós, maravilhosas mães de coração atravessaram os nossos caminhos!...

Ao longo das reencarnações, na troca de benefícios, fazemos um revezamento saudável e legítimo nas diferentes atribuições familiares e vamos nos encontrando, aqui e ali, como pais, mães, filhos, netos, sobrinhos, agregados, formando uma belíssima e frondosa árvore, que dará sua sombra e proteção na razão do amor doado e recebido.

Eu, Rochester, do fundo de minh'alma, devo muito a elas e beijo-lhes as mãos generosas.

*

Quando está passando bem, Forbes gosta de cuidar do jardim. Sob a magia de suas mãos, o jardim ficou mais bonito que antes.

Nele, Isolda lê as obras que aprecia, principalmente aquelas às quais teve acesso na casa do gentil-homem – amigo paternal que a vida lhe concedeu!...

Sente saudades de Cirineu também, mas esse querido amigo saiu de Florença.

– E o gentil-homem, Forbes, você sabe para onde ele foi?

– Sequer imagino, filha! Nos despedimos naquele dia que vim

para cá! Quando me despedi do bom amigo Cirineu, nos abraçamos afetuosos e lhe agradeci comovida pela convivência, boa-vontade e compreensão.

– Querido Cirineu... Quem poderia supor que a sua vida se modificaria tanto?

– As nossas vidas se modificaram muito, não foi?

– Sim! E apesar de tudo, não temos do que nos queixar. Concorda?

– Certamente! Sou grata aos céus e a todos que me amparam, principalmente agora, com esta doença pertinaz!

– Outras doenças existem, minha boa Forbes, e piores! Console-se e faça aquilo que o seu médico manda, sim?

– E eu tenho escolha?

– Não!

Ambas riem, divertidas.

Forbes se vai e Isolda fica ali, admirando a beleza do céu azul e as lindas flores dispostas de maneira inteligente e programada para formarem bonitos e multicores arabescos.

Fernando se aproxima e se senta ao seu lado:

– Olá, minha neta! Sei que está feliz, mas surpreendo-a muitas vezes pensativa, como agora.

– Velho hábito meu! Não se impressione, sim? Quem viveu tantas experiências não poderia ignorar as verdades mais profundas da vida e esta nem sempre é bonita, o senhor sabe... Nós, os deserdados da sorte, nos deparamos com a dor, a tristeza, a violência, o desrespeito e o medo desde cedo...

Fernando abaixa a cabeça, triste e envergonhado, e ela acorre:

– Por favor, não se entristeça! Eu já lhe disse tantas vezes que se a vida me surpreendeu com tantas dores é porque por algum motivo isso era necessário!

– Como pode dizer isso, querida? Não fosse pela minha tirania paternal com Carlota e você não teria vivido como viveu!

– Nada justifica, meu avô, o seu comportamento, se me permite dizê-lo, mas quanto a mim, repito que assim deveria ser!

– Aprendeu a superar os revezes da vida assim enganando-se?

– Não! Aprendi que se o Criador é perfeito e sábio, nossa vida segue o roteiro adequado à nossa melhora espiritual!

– Não possuo assim como você, minha querida, esta compreensão elevada... Sei que fui motivo de dor para você e para sua mãe. Carrego muitas culpas!...

– Tranquilize o seu coração. Deus é justo, certamente, mas é também misericordioso! Conhece o Eclesiastes?

– Teoricamente! Jamais fui um homem de fé!

– Pois bem, meu avô. Ali o salmista diz que há tempo para tudo!... Eu teria de viver como vivi, até o momento de reencontrá-lo e à minha mãe! Naturalmente, que os acréscimos de maldade com os quais me deparei junto à Minerva eram desnecessários e correram por conta da selvageria e invigilância dela, mas aquilo que vivi durante anos fazia parte das minhas necessidades espirituais.

– Você é tão jovem e revela tanto saber...

– Sou jovem, mas a minha alma é muito antiga, meu querido avô. Assim como qualquer outro, eu enfrento muitos desafios, ante as minhas imperfeições.

A razão me diz que devo fazer as coisas certas, mas nem sempre consigo.

– Onde embasa o saber que revela, minha filha?

– Na justiça divina que nos permite nascer muitas vezes para evoluir cada vez mais!

– Você fala da ciência da palingenesia?

– Sim! Somente assim poderemos entender as diferenças terrenas e os diferentes níveis de consciência da nossa humanidade!

– Nunca acreditei nestas filosofias que nos chegam do Oriente. Acho tudo isso muito duvidoso e, diga-se de passagem, oportuno também! Quem, assim como eu, já errou muito, busca consolo e esperança nessa incompreendida possibilidade.

– Incompreendida, pode ser, mas legítima! A lei da reencarnação reflete, poderosa e indiscutível, a justiça divina aplicada no homem, em tudo que existe no Universo e que evolui incessantemente sob as leis naturais.

Deus, que nos ama de uma forma incompreensível ainda para o nosso acanhado entendimento, em vez de nos condenar nos concede outras chances para aprender, para nos corrigir, nos impulsionando a uma transformação espiritual cada vez mais intensa.

Para isso temos a eternidade, meu avô!

– Você, minha neta querida, acredita então que nós dois já nos conhecíamos antes e que voltaremos a conviver outras vezes?!...

– Sim! Pobre de mim, se não me curvasse a esta insofismável verdade! A certeza da justiça e a esperança de progredir nos incentivarão a caminhada que se fará cada vez melhor e mais proveitosa!

Fernando fica em silêncio.

Isolda respira fundo, observa-o e comenta:

– Agora, foi o senhor, meu avô, quem ficou pensativo!

Beijando-a no rosto, e sem concordar nem discordar, Fernando levanta-se e começa a se afastar.

Ela, porém, alteia a voz e declara:

– O que importa, acima de tudo, é aprender a ser bom!

Ele estanca os passos, volta-se e responde:

– Isso eu nunca aprendi!

– O que vejo hoje desmente essa declaração!

Ele continua de pé, ouvindo-a indeciso.

– O senhor se arrependeu e se esforça para se corrigir, ainda que seja para se redimir diante da querida filha que já se foi! Diga-me, crê em Deus?

Já retornando e aproximando-se, de novo, Fernando responde sincero:

– Durante muito tempo duvidei, mas quando Ele me devolveu você, senti que Deus existe!

– Deus nos ama, apesar de tudo, e sempre!

Fernando senta-se novamente e observa que Isolda fala com ênfase, assim como um defensor das leis, quando nos tribunais.

Sua neta está admirável, faces coradas e olhos brilhando. Há nela algo maior e incompreensível para ele...

Pausadamente e sem arrefecer o ânimo, ela continua:

"– Para a transformação do coração do homem não existe passe de mágica e sim muito trabalho e renovação interior!

Temos velhas contas a ajustar, frutos de outras existências. Enquanto nos purificamos através das nossas expiações, nos melhoramos paulatinamente e nos preparamos para futuros melhores e mais grandiosos, onde o coração e a razão, juntos e harmonizados, farão primeiro a vontade do Criador, pois a nossa almejada felicidade dependerá em primeira instância do conhecimento de suas leis eternas!

Um dia, enfim, seremos todos felizes, mas esta sonhada felicidade será construída, muitas vezes, entre lágrimas de dor e de sofrimento.

Que ninguém se inquiete por coisas sem importância, antes pense na própria redenção que não se fará através do egoísmo, mas de um aprendizado racional, amoroso e cada vez mais responsável.

A simplicidade, a oração, a solidariedade constantes, junto ao amor e ao trabalho de transformação íntima nos levam dia após dia à verdadeira sabedoria!

O verdadeiro amor deve proteger e libertar! Deus nos criou livres para agir e escolher caminhos!

Quem deseja ser bom que se esforce sinceramente para isso.

Transforme-se, 'meu filho', enquanto é tempo e siga o seu caminho, até o momento solene de dar contas a Deus dos seus atos, através do julgamento de sua própria consciência. E não se esqueça de agradecer aos céus tudo que tem recebido! Fique em Paz!"

Fernando está chorando, aos prantos, sem entender-se. Afinal, quem lhe falara? Certamente, não fora a neta querida.

Isolda cala-se, respira fundo, olha ao seu redor e indaga:

– Por que chora, meu avô? O que eu lhe dizia? Desculpe! Eu ainda não lhe contei sobre as minhas esquisitices!

– Benditas esquisitices, minha neta! Ouvindo-a, recebo mais uma dura lição. Sua mãe também falava assim! Por isso foi duramente repreendida por mim e algumas vezes castigada! Esta é mais uma culpa que carrego!

– Por favor, não chore... Não quero ser culpada de sua tristeza.

Envolvendo a neta em um amplexo afetuoso, Fernando indaga, tentando sorrir:

– E quem lhe disse que essas lágrimas são de tristeza? Não! São de arrependimento, de emoção e de muita alegria!

– Ah... Ainda bem! – ela conclui aliviada.

Inquieto e intrometendo-se entre eles, sacudindo o rabinho freneticamente, o cãozinho faz a sua dona entender que precisa da sua companhia.

Pedindo licença ao avô, ela se propõe a atendê-lo.

A atual condessinha Isolda, antes a nossa incontrolável Panderva, chama-o agora de Felizardo, nome que lhe cai muito bem!...

Interesses malévolos

Os perseguidores de Wladimir e Norberto, ao se sentirem livres novamente para agir, decidiram iniciar as perseguições programadas por eles, mas...

Ao procurar pai e filho, surpreendem-se com a patente ausência de ambos em Florença.

Em meio a imprecações e reações das mais disparatadas, eles saíram pela cidade, sem contudo encontrá-los em parte alguma.

Aqui e ali tomaram ciência de que Norberto havia viajado a negócios e que Wladimir há muito não comparece à corte provincial.

À boca pequena, espalha-se que pai e filho desapareceram sem mais nem menos, assim como sucedera à filha do barão Odorico, ao cocheiro Percival, e à amiga da bela Brunilda, Lúcia.

O povo, ao falar a respeito, se benze supersticioso, enquanto indaga entre si sobre quem será o próximo na fieira misteriosa de desaparecidos.

Enfim, aqueles que planejavam destruí-los reviraram-lhe a residência e incomodaram a vizinhança, sem respeito algum e com violência.

Na casa de Wladimir, todavia, um vazio muito grande e o patente abandono de tudo que ali restou fez suspeitar de fatos misteriosos. Nada de comprometedor ou que lhes permitisse algum indício do paradeiro dos dois.

Aristófanes, furibundo e fazendo uso dos seus inquestionáveis poderes, revirou igualmente, para escândalo de todos os presentes, cada armário, gaveta e recanto das salas usadas pelos competentes causídicos, seus inimigos pessoais, eleitos assim desde sempre em seu coração empedernido.

Saindo de lá, movimentou-se em todas as direções e agindo da mesma forma, em meio a exclamações das mais extravagantes, exigiu em altos brados que descobrissem qualquer vestígio, por menor que fosse, que servisse de referência para uma possível perseguição aos 'dois infames'!

De ânimos exaltados, alguns tentaram incendiar a propriedade senhoril de Wladimir, sendo contidos por outros em tempo, pois a bela mansão agora pertencia ao Estado e à Igreja.

Por fim, nenhum vestígio do paradeiro dos dois, nem de documentos ou das pesquisas de Wladimir.

Isso levou Aristófanes às raias da loucura. Em altos brados, exprobrou gregos e troianos, além de jurar vingança.

Em poucos dias, contas feitas e lucros negociados, o novo senhor tomou posse de tudo que já fora fruto de muito suor por parte do antigo morador.

Ainda que abocanhando a maior parte de tudo (intenção já sacramentada, desde antes), inconformado, Aristófanes jurou em nome dos céus e do inferno que os encontrará e concretizará a sua sonhada vingança (!).

Para isso, pretende desenterrar a pecha de heresia, já lançada sobre pai e filho publicamente tempos atrás...

Ante o Santo Ofício, em qualquer tempo ou lugar, os seus nomes estarão inscritos na lista negra da Santa Madre Igreja e receberão, em qualquer tempo, aquilo que fizeram por merecer.

Frustrado, Aristófanes decide voltar-se contra aqueles que estão igualmente arrolados nas mesmas acusações.

Isolda desejou rever a casa de Wladimir, mas Forbes impediu-a, veementemente:

– Não faça isso! Não se exponha! Seja digna da proteção que eles lhe deram e cuide de sua nova vida! Se suspeitarem de você, vão querer torturá-la para saber onde estão pai e filho!

– Tem razão... O gentil-homem me diria que não devemos desafiar o mal...

– Hoje, ninguém reconheceria você, pois oficialmente Panderva nunca existiu! Sua nova vida a protege, desde que você saiba agir!

– As melhores lembranças da minha vida ficaram ali, minha querida Forbes...

– E as minhas, menina?... – ela não se controla e irrompe num pranto desconsolado.

A moça a abraça carinhosamente e aguarda que ela esgote as lágrimas de saudade...

A referência ao seu antigo nome remeteu o seu pensamento à refinada loja de adereços femininos e a Theobaldo. Ainda não decidiu se irá ao seu encontro, mas sua alma deseja ardentemente revê-lo... Deparando-se, por força do destino, com esta antiga afeição, envolve-se mais uma vez nos mesmos sentimentos, embora a razão alerte sua alma quanto à carga de sofrimentos que eles carregam.

Enquanto isso, ela pensa saudosa e muito preocupada: "Onde estarão o querido gentil-homem e o seu filho?".

Seu cãozinho late, ruidoso e alegre, ao redor dos seus pés.

Confiante, ela entrega Wladimir e Norberto a Deus, enviando-lhes bons augúrios, onde quer que ambos possam estar...

Na casa do barão Odorico Von Braun, o desequilíbrio é total. Há um caos nos atos e nas reações desse homem arbitrário, que proclama aos quatro ventos que penalizará com requintes de crueldade aos responsáveis pelo rapto de sua filha.

O pretenso noivo de Brunilda, por sua vez, é o retrato da dor, apregoando possesso o seu ódio e as suas intenções de vingança.

Em altos brados, ele promete vultosa soma a quem lhe trouxer pistas comprovadas. Diante do caos instalado na casa do barão, aproveitou para fazer-se cada vez mais necessário, estendendo indefinidamente a sua condição de hóspede e estreitando mais os laços de amizade e de futuro parentesco.

Ao 'futuro sogro' promete encontrar a 'amada noiva' e para isso moverá céus e terra.

– E ai daqueles que atravessarem o meu caminho!... – vocifera, insano.

Os riscos

Na residência dos pais de Lúcia, hoje mergulhada em dor e saudade, numa noite insone sua mãe que se encontra num dos balcões que lhe permite ver as proximidades, divisa um vulto embuçado a disfarçar, enquanto vez por outra olha para o alto.

Apesar da distância, os seus movimentos lhe parecem familiares. Um pensamento mais forte ligado à lembrança da filha lhe acorre.

Adentra o aposento e chama o marido.

Estremunhando, ele desperta e vocifera:

– Diabos! O que se passa? Viu fantasmas no negrume da noite?

Ela lhe explica rapidamente o que viu.

– Chame a guarda e eles o abordarão! Deixe-me dormir, mulher!

– Não! Vá ver quem é, por favor!

Embora muito contrariado, Harald desce acompanhado de um dos guardas e dirige-se à saída.

De arma em punho, abre uma pequena porta, ao lado do grande portão e esquadrinha o exterior.

Age rápido e alcança o vulto, dominando-o.

Assustado, o embuçado não reage e deixa que lhe descubram a cabeça.

Muito surpreso, exclama:

– Percival! O que faz aqui? E o que pretende?

– Acalme-se, por favor, senhor barão! Venho em nome de sua filha, Lúcia!

– Por que chega assim como um reles ladrão no meio da noite?

– Já lhe disse! Vim lhe falar sobre a sua filha!

Movimentando-se devagar, a fim de que o barão possa acompanhá-lo e perceber que não pretende atacá-lo, Percival retira do seu alforje um lenço azul de seda e o exibe silencioso.

O barão reconhece de pronto o adereço.

Coração a bater loucamente, o barão vê naquele lenço de seda o prenúncio de alguma notícia ruim.

– O que significa isto? – indaga violáceo e extremamente ansioso.

– Significa que conheço o paradeiro de sua filha, senhor barão!

Quase perdendo as forças, ele indaga, num fio de voz:

– Ela... está... viva?!...

Ato contínuo, passa a sacudir violentamente Percival enquanto acrescenta desesperado:

– Fale, homem!

– Sua filha está viva e muito bem! Por favor, solte-me que assim me estrangula!

– É o que farei se estiver mentindo! Este lenço não é suficiente para acreditar naquilo que diz!

– Por favor, acalme-se e descanse o seu coração! Já lhe conto tudo, caso me permita!

O barão Von Stein acalma-se em parte, solta-o e faz um sinal para tranquilizar a mulher, que da varanda se esforça para entender aquilo que dizem.

Por fim, ele observa que Percival está coberto de suor e extremamente cansado, revelando o risco de sucumbir de um momento para outro. Convida-o a subir. Alcançando o vestíbulo, param para atender as necessidades urgentes de Percival.

Assim, enquanto ele se refresca com um pouco de água e come sofregamente um pedaço de pão e carne assada, trazidos pela baronesa, o barão caminha inquieto e raivoso.

Entre frases entrecortadas pela mastigação, Percival declara:

– Há dias não me alimento direito, viajando na intenção de encontrá-los. Caros senhores, vossa filha encontra-se, para sua própria segurança, muito longe daqui. Combinamos algo e precisamos do vosso aval e participação.

– Combinamos? Ora, ora! Desde quando o senhor e minha filha combinam o que quer que seja? Por muito menos eu já o teria abatido como a um cão, seu traste imprestável!

Intrometendo-se entre Percival e o marido, a baronesa indaga, algo impaciente:

– O que quer, homem? Pôr a perder a única chance que temos de saber o paradeiro de nossa filha? Com efeito! Controle-se! Há quanto tempo sofremos por não sabermos dela? Meu coração já não suporta mais essa incerteza! Por Deus, por mim, por Lúcia, faça aquilo que a razão determina neste momento! Percival é um bom homem e sempre foi digno da nossa confiança!

Já habituado a isso pela própria vida, Percival não espera que o barão lhe peça desculpas ou algo semelhante. Ele jamais se submeterá ou dará razão àqueles que lhe são socialmente inferiores.

Por isso, responde educado e cuidadoso:

– Diante das circunstâncias que subitamente nos envolveram, foi preciso pensar rápido e fugir de Florença.

– E como fizeram isso? – o barão indaga, olhos coruscantes.

– Usamos o coche que habitualmente dirijo e fomos nos albergar um pouco distante, na residência dos meus familiares.

– Na casa dos seus familiares?! E onde fica isso?

– Noutra cidade, oportunamente distante da fúria do barão Odorico e dos fatos que nos envolveram!

Como pode ver, nada mais que a urgência de sobrevivermos nos fez decidir e agir com presteza. Sua filha temeu, assim como eu, a violência do barão Von Braun, quando Brunilda desapareceu sem deixar rastros, sendo nós dois, na ocasião, as únicas testemunhas do fato.

O barão ouve muito intrigado e suspeita:

– Até onde vocês estão implicados no desaparecimento de Brunilda? Terão sido, e desde já temo a resposta, cúmplices da fuga da filha do seu patrão?

– Meu ex-patrão, se me permite dizê-lo, senhor! A resposta que pede, infelizmente não temos e isso nos implicaria perigosamente. Ignorávamos, completamente, as intenções de Brunilda, caso houvesse. Apenas nos unimos na intenção de apoiá-la num passeio, no qual ela poderia espairecer, depois do choque do recente noivado.

E Percival segue narrando como tudo se deu, evitando cuidadosamente falar na presença de Norberto Vladosk.

Ao findar as suas explicações, revoltado, o barão explode:

– Ora, por quem sois! O meu poder defenderia Lúcia! Me espanta ela ter embarcado nesta aventura grotesca, ao lado de alguém sem eira nem beira como o senhor! Com efeito! Fugir com um cocheiro, deixando-nos aqui a sofrer na incerteza daquilo que poderia ter-lhe acontecido! Foi muita ousadia!

Diante de tanta agressividade, Percival desejou estar longe dali e jamais ter atendido ao pedido de Lúcia. Contudo, estendeu pacientemente as explicações:

– Sua filha, muito nervosa, ao perceber o desaparecimento da amiga, entrou em pânico e temeu não apenas por ela, mas por vocês também! Assim sendo, decidiu acompanhar-me na fuga que eu empreenderia para livrar-me de torturas e morte certa. Meu coração ficou em pedaços ao ver o total desespero de sua filha. Desde então, estamos fugindo e nos escondendo, aqui e ali. Atualmente, estamos numa cidade pequena. Seria de bom alvitre que refletissem quanto ao fato de que eu poderia ter fugido sozinho, o que seria mais fácil e mais seguro!

A esta altura, a mãe de Lúcia chora, enquanto agradece intimamente aos céus.

– Eu acredito nele, Harald. Ouça-o e talvez possamos rever nossa querida Lúcia!

Percival bate na testa e exclama:

– Ah! Eu ia me esquecendo! – assim dizendo, ele tira de dentro das suas roupas uma grossa missiva, na qual a moça explica aos pais o seu próximo plano, rogando-lhes consentimento e participação.

– Eis aqui uma carta de vossa filha, senhor barão!

O barão, todavia, ainda carrega dúvidas e uma delas se insinua no seu coração de maneira terrível, dentro dos seus conceitos de nobreza e de honra. Afinal, Percival é um homem forte e fisicamente atraente, apesar da sua condição humilde e este pode ser, apesar de tudo, mais um fator de fascínio...

Percival quase pode ler os seus pensamentos e aguarda.

– Onde entra o senhor nisso tudo? – ele indaga, mão acariciando a arma que carrega na cintura.

– Eu, senhor barão, estava apenas no mesmo lugar e na mesma hora e arrolado na mesma situação dramática. Usei a razão e a presença de espírito para salvar-nos aos dois, enquanto podíamos. Apenas isso! Anseio que tudo se resolva para, então, dar uma nova direção à minha vida. Tenho planos e preciso deixar sua filha em segurança.

Não muito convencido, o barão passa a ler para sua mulher as linhas amorosas e plenas de saudades de Lúcia.

Após a leitura, eles enxugam as lágrimas.

Desarmando-se, enfim, o barão sugere:

– Escreva, Bertha, responda à nossa filha que concordamos com tudo!

– Farei isso, Harald, agora mesmo!

Ela sai e Percival estremece ao pensar que aquele homem, tão poderoso quanto o seu ex-patrão, pode agora eliminá-lo e tirá-lo do seu caminho. Afinal, já sabe onde se encontra Lúcia e pode prescindir da sua ajuda.

Aguarda, porém, enquanto marido e mulher confabulam.

Retornando, o barão se pronuncia:

– Lúcia nos pede para confiarmos. Por enquanto, me reservo o direito de aguardar a confirmação cabal daquilo que me contou, para recompensá-lo como devo. Afinal, parece que devemos ao senhor a segurança e as notícias de nossa querida filha.

– Não preciso de recompensa, além daquela que a própria vida me dá, quando minha consciência aprova os meus atos. Se eu tivesse uma filha e ela estivesse numa situação semelhante, eu gostaria que alguém fizesse o mesmo!

Von Stein observa-o, crendo e duvidando.

Seu coração exulta, sua filha que supunha morta está viva e brevemente poderá abraçá-la.

Decidiu, junto à Bertha, fazer tudo de comum acordo e em segredo: a posição social de ambos e a tristeza que invadira aquela casa permitirão agir livremente e sem suspeitas, aliás infundadas, como já sabe. Lúcia ignora o paradeiro de Brunilda.

Percival escondeu-se no celeiro da suntuosa residência do barão Von Stein e no dia seguinte, algo refeito e embuçado, assim como havia chegado se foi, regressando ao lugar de onde veio.

Chegando, entregou à Lúcia a resposta escrita com muito amor por sua mãe, explicando-lhe como tudo se deu.

De alma renovada, a moça seguiu os planos de Percival e em poucos dias reencontrou os seus pais em outra cidade, distante de Florença, para recomeçarem a vida.

Após o desfecho feliz, Percival viaja por várias cidades, pensando na própria vida.

Em Gênova, aproximou-se do porto para observar as atividades dos trabalhadores do mar.

Sonhador, imaginando-se um deles, encanta-se com essa possibilidade e depois de pesar os prós e os contras, decide experimentar.

Muito grato, o barão fora bem generoso, doando-lhe uma pequena fortuna.

Assim, Percival tornou-se um viajante dos mares, com pequenos intervalos em terra.

Em suas moradas flutuantes e em meio às vagas do mar generoso e profundo que oferece trabalho e alimento, ele segue enfrentando os constantes desafios, seja pelas fortes tempestades, seja pelos percalços que fazem parte de sua nova vida.

"Quantas vidas desconhecidas existirão na profundidade destas águas?" – indaga-se, enquanto admira reverente os movimentos marinhos, os balanços constantes das embarcações, as aves a voejarem à cata de alimento, os golfinhos e as baleias que emergem e mergulham inteligentes e bonitas.

É grato às circunstâncias e segue a sua vida com honestidade, alegria, e boa disposição, junto aos seus companheiros.

Algumas vezes sente saudades de casa...

"Todos sentem, quando estão distantes, mas nem sempre é possível estar junto aos nossos..." – conclui por fim.

O marulhar das águas revoltas o embala e remete os seus pensamentos às belas mulheres que vai encontrando em cada porto. Quando se ligará de fato àquela que roubará de vez o seu coração? Sequer pode imaginar.

Por enquanto, tudo vai muito bem...

*

E A BELA e florescente Florença, empobrecida dos valores humanos, pelos bons homens que fogem para sobreviver ou que são tirados do caminho, continua refém dos sistemas atrasados que lhe comprometem o legítimo progresso.

Quantos pereceram e quantos continuam perecendo, perseguidos e martirizados, mas intimoratos, em nome da Verdade?

Divinos e saudáveis precursores da maravilhosa Renascença que já se faz, paulatinamente, a despeito de todos os covardes e pusilânimes!

Aquilo que é da Lei se cumprirá, acima da vontade de quem quer que seja.

Você, Aristófanes, assim como tantos outros, é tão somente uma pedra no caminho dos bons e do legítimo progresso, que será afastada mais cedo ou mais tarde.

Um dia, modificados todos desde o cerne, nos entenderemos e unidos trilharemos os mesmos caminhos!

Por fim, os revezes que levaram Wladimir e seu filho Norberto a abandonar Florença não sacrificaram de modo algum aqueles que, querendo ou não, estavam arrolados nos graves acontecimentos.

Os problemas amorosos de Norberto e Brunilda, que pareciam sem solução e sem futuro, foram resolvidos de maneira imprevista, inesperada e providencial.

O desenrolar de tudo, graças aos céus, preservou as vidas de Wladimir Vladosk e de Norberto; assim, como sucedera naquele dia de triste lembrança, quando enfrentaram os terríveis desafios, sob a crueldade de Diógenes, dos seus comandados e do populacho invigilante.

(Ah! Se a criatura humana tivesse uma fé do tamanho de um grão de mostarda!)

Estranho diálogo

Isolda ainda não sabe se irá à loja, chegado o dia da visita...

Não pede conselhos a Forbes nem a Prudence. Ambas lhe negariam o apoio de que precisa, além de preveni-la contra Theobaldo.

Terá que decidir sozinha e arcar com as consequências.

"O que devo fazer? Ir ao encontro do perigo que Theobaldo representa ou fugir dele? Embarcar numa viagem arriscada ou virar as costas a este amor? O que farei deste coração que me dá a certeza insofismável de que sem ele eu jamais serei feliz? Preciso da presença deste homem e do seu amor, ainda que não ignore os riscos aos quais estarei exposta.

Em momentos assim, sinto falta do bom senso e da amizade do gentil-homem... Ele saberia me orientar... Contudo, hoje devo conduzir a minha vida sozinha.

Sinto-me, porém, como uma ave que desistiu de lutar e é inexoravelmente arrastada para a goela da serpente."

Forbes chega alegre e lhe diz que a sua toalete está pronta para o passeio.

– Grata... – ela responde, sem muito entusiasmo.

– Minha filha, o que tem? Acaso sente algum desconforto físico?

– Não, descanse. Estou bem!

– Então, apronte-se para o nosso passeio! Eu irei com você e darei os meus famosos palpites! Acostumei-me a orientá-la quanto à vida citadina!

Em silêncio, Isolda sai e em alguns quartos de hora retorna numa elegância admirável.

Mais algum tempo e as duas estão percorrendo os arredores da loja.

Aproximando-se do 'ponto de encontro', Isolda estremece, ao surpreender Theobaldo a vigiar, inquieto, as proximidades.

Seu coração dispara e ela se conscientiza do poder que aquele homem representa em sua vida. Impossível negar. Ficaria muito desapontada caso ele não estivesse ali a esperá-la.

Sorriso aberto, ele se aproxima com uma rosa na mão, que lhe oferece, inclinando-se diante dela com fidalguia:

– Saudações, minha bela! – enquanto fala, toma-lhe delicadamente a mão para beijar, fitando-a nos olhos para avaliar o efeito da sua galanteria.

Isolda estremece ao som da sua voz e sob o efeito poderoso do seu olhar.

Muito intrigada, Forbes indaga-lhe:

– Quem é este rapaz, filha? Você o conhece?

– Sim, Forbes! É o senhor conde Theobaldo de Vila D´Oro!

Forbes ouviu, entendeu e não gostou.

Quanto a Theobaldo, ele sorriu muito satisfeito, porque Isolda pronunciou o seu nome.

Fingindo indiferença, Isolda agradece secamente a rosa e dirige-se à loja.

Uma vez ali, dispersiva, não consegue fixar os pensamentos em nada, pois lhe sente o olhar obstinado.

Remexe mercadorias, analisa isto e aquilo, completamente desinteressada.

Forbes aproxima-se mais e sussurra:

– O que tem, minha filha? Quer regressar?

– Não, Forbes! Não se preocupe tanto, eu estou muito bem!

Forbes duvida daquilo que ela diz, mas não pode, nem deve contrariá-la. Isolda é adulta e responsável.

Isolda prossegue a sua incompreensível busca por algo que, se existe, não está ali. Em verdade, ela deseja apenas ganhar tempo, enquanto decide o que fazer.

Theobaldo, conquanto lhe conceda espaço para se movimentar, gravita ao seu redor, num flagrante suspense.

Ela sente ímpetos de fugir, mas a presença dele é um grande desafio, porque lhe faz bem e incomoda ao mesmo tempo.

Escolhe, por fim, alguns adereços, apenas para justificar a sua presença ali.

Embrulhos nas mãos, que passa para Forbes, ela ensaia sair, quando Theobaldo aproxima-se determinado:

– Por favor, caríssima, precisamos conversar! Eu ainda não sei quem é, nem onde vive!...

– Por que e para quê? – na indagação, algo de lamento e de revolta, incompreensíveis para ele.

Galante e cheio de amabilidades, ele retruca, modulando a voz em acentos sedutores. A isso já está acostumado. Tem consciência do próprio fascínio:

– Não acha justo que um homem queira saber a respeito daquela que o interessa tão vivamente? Desde aquele dia, no qual nos encontramos por acaso, esforço-me para reencontrá-la em toda Florença! Se fosse preciso, eu varreria os céus e a terra à sua procura!

Ela estanca, fita-o, respira fundo e declara:

– Meu nome é Isolda, como já lhe disse, e moro com o meu avô, o conde Fernando de Alencar Nogueira!

Theobaldo exulta. Não poderia ser melhor! Conhece a família, o endereço e o poder financeiro que representam.

Diante do seu sorriso de satisfação, ela indaga curiosa:

– O senhor conhece meu avô?

– Ora, minha cara, quem não conhece o conde Fernando de Alencar Nogueira?

A declaração soou aos seus ouvidos num misto de satisfação orgulhosa e de deboche.

– Isto ratifica a minha primeira impressão. Somos do mesmo nível social! – ele exclama taxativo.

– E se não fôssemos?

– Ora, ora! A senhorita pertence a mais fina flor da sociedade florentina!

– Poderia ampliar um pouco mais o seu pensamento?

– Naturalmente! Falo de nível social!

– Isto é muito importante?

– Eu diria, para ser mais preciso, que é indispensável!

– Então, se eu entendi bem, nível social determina tudo?

– Sim! Assim somos e assim vivemos! Felizmente, a sua vida também segue os mesmos parâmetros!

Isolda sorri, sarcástica e divertida, enquanto fita Forbes que, por sua vez, sorri um pouco mais que ela.

"Se ele soubesse a quem fala!..." – pensa Forbes, sem conseguir parar de rir. Decide e afasta-se deles para não escandalizar mais o conde.

– Fiz alguma graça, sem saber? – ele indaga aborrecido.

– Não, senhor conde, é que nos lembramos de algo muito divertido, perdoe-nos!

– Perdoarei, se me explicar o que a faz tratar uma criada com tanta intimidade!

– O fato de que ela é muito mais que isso para mim! O senhor não tem amigos?

– Sim, tenho, e muitos! Todavia do meu nível! – isso ele diz com muito orgulho, enquanto fixa as suas pupilas, em censura, sobre Forbes.

O coração de Isolda se ressente e sua razão grita aos seus ouvidos: "Afaste-se, enquanto é tempo!"

Mas quem disse que o coração ouve sempre a razão?

Ela toma alento e volta à carga:

– O senhor divide o mundo em duas partes, a de cima para a nobreza e de baixo para a ralé? – ela acentua bem a última palavra, enquanto fita-o de frente, desafiadora.

– Ora, ora, isto é assim desde que o mundo é mundo! E assim será sempre! Cada qual no lugar que lhe é devido! Dessa forma, tudo irá muito bem!

– Muito bem para quem?

– Para nós, certamente! Aqueles que sustentam e dirigem este mundo com força e inteligência!

– Ah!... Entendi... – ela completa, antes de indagar-lhe, muito curiosa:

– Diga-me, por favor, quando me viu pela primeira vez, o que pensou?

Feliz com a direção da conversa, ele responde, dando um acento amoroso à voz:

– E como poderia pensar, quando o coração tomou-me a frente, deslumbrado com a sua beleza e fascínio?

– Todavia, como poderia definir-me quanto à sua endurecida divisão social?

Observando que Forbes ri sem controle, ela lhe pede com o olhar calma e prudência.

Fazendo um grande esforço para não desatar em sonoras gargalhadas, Forbes vibra com a coragem com a qual Isolda conduz o diálogo.

Raposa velha, contudo, Theobaldo percebeu de pronto, as tiradas inteligentes e desafiadoras da sua interlocutora, mas quer aproveitar a oportunidade.

Voltando-se para ele, Isolda insiste:

– E então, o que me diz?

– Que mais eu poderia lhe dizer que já não tenha dito? Acaso uma estrela que brilha no céu pode disfarçar o seu poder luminoso? É patente a sua origem nobre e o seu lugar nos céus dos poderosos nesta bela e florescente cidade!

Diante de tanta arrogância e estultice, preconceito e flagrante ambição, Isolda conclui:

"Se você soubesse, 'ilustre' conde Theobaldo, com quem esteve falando naquele dia! Ora, ora, que seria bem divertido apresentar-lhe a minha mansão, a minha riqueza e os meus brasões! Mas, quem sabe, um dia terei este prazer? A vida é feita de surpresas!"

Forbes aproxima-se novamente e conclui, pesarosa:

"O seu coração se debate entre a razão e a emoção... Pobre querida... Só Deus pode socorrê-la..."

Mas a sua Panderva, de antes e de sempre, vai adiante e continua a desafiá-lo:

– Meu caro senhor, se eu fosse alguém sem eira nem beira, lançada à margem da estrada, como se comportaria frente à minha pessoa?

Surpreso e sem entendê-la, Theobaldo responde:

– Mas felizmente não é! Por quem sois! Ante as suas heráldicas, para que esta estranha indagação e suposições tão estapafúrdias?

– Apenas para avaliar a ambição, o orgulho e a arrogância da nossa sociedade...

Ele continua num impasse, sem compreendê-la.

– Ficou mudo, caro conde?

– E como não ficar? O que tão bela moça, refinada e rica, pode esperar de filosofias tão esdrúxulas? Confesso que não consigo alcançar-lhe a intenção!

– Ora, não frequenta os salões, onde estes assuntos são tão corriqueiros? E não aprecia enigmas?

– Não me parece ser o caso! A bela senhorita apenas me desafia, certamente para se divertir! Eu gostaria, contudo, que fosse mais explícita naquilo que pretende!

Theobaldo, apesar do interesse, mostra-se um pouco ácido.

– Eu? Nada! Quem parece pretender algo é o senhor! Afinal, o que espera de mim?

– Conhecê-la melhor e fazer parte da sua vida!

– O senhor anda depressa, hein? – ela indaga.

– Nem tanto assim! Não esqueça por quanto tempo eu procuro a sua bela e gentil pessoa! Desde o primeiro instante em que a vi, interessei-me vivamente e decidi conquistá-la!

– Ah!... O senhor 'decidiu' conquistar-me!... O senhor fala em conquistas e eu gostaria de saber mais a respeito da sua pessoa!

– Pelos deuses do Olimpo! Acabo de conhecer uma inteligente e desafiadora mulher! Julguei que o sexo frágil só entendesse de chapéus e de vaidade! – ele completa, tentando envolvê-la, acercando-se mais.

Silenciosa, ela se afasta sutilmente, enquanto analisa o seu atraso mental e espiritual. Deplora-o, do mais profundo de sua alma. O tempo passou e ele nada aprendeu... Não, ele não lhe interessa. Seria como albergar-se numa caverna escura e perigosa, cheia de répteis e sujidades... Recorda o seu querido amigo, gentil-homem, e compreende-lhe os escrúpulos quanto a este homem.

Decide e declara taxativa:

– Caro senhor conde Theobaldo, saiba que o senhor, absolutamente, não me interessa! Passe muito bem!

Em choque, ele ouviu, mas não entendeu.

Tenta argumentar, mas Isolda puxa Forbes, precipitada, e se dirige para a carruagem que as aguarda próximo dali.

Theobaldo, boquiaberto, queda-se paralisado. Tem consciência de que ela é tudo que deseja para sua vida.

Não lhe entendeu os desafios e, menos ainda, os rompantes.

Enquanto ela sobe no veículo sem olhar para trás, ele decide que vai persegui-la, tenazmente. Nada o deterá, nem mesmo a morte!... Ela ignora ainda os recursos que possui para conseguir sempre aquilo que deseja!

Dessa forma, sem saber, Isolda aumentou no coração daquele homem empedernido a decisão de tê-la para si.

Forbes nada lhe indaga. Acompanha-a em silêncio e a deixa mergulhada em seus pensamentos...

"Aí estão: a Panderva de antes e a de hoje, amalgamadas numa só e muito mais experiente. Só ela poderá decidir a própria vida... Temo, porém, que dois fatores interfiram nisso: a obstinação impiedosa de Theobaldo e o flagrante fascínio que ele exerce sobre ela." – Forbes conclui, muito preocupada.

Uma vez em casa, Isolda se debate entre a certeza de que se livrou de alguém que provavelmente lhe traria tormentos e a vontade quase incontrolável de voltar atrás, consentir em retomar aquilo que ficou perdido no espaço e no tempo.

Contrariada e ao mesmo tempo aliviada por ter feito o que fez, ela se fecha nos seus conflitos que apenas ela pode entender e resolver...

Quantas vezes já se sentira assim? Difícil saber com acerto. Desde que se conheceu e olhou à sua volta, a incerteza, o medo e a dor fizeram parte da sua vidinha. Minerva intensificava, indiferente e má, os seus sofrimentos. Sempre ignorou não ser sua filha, mas o coração a afastava dia a dia daquela mulher insensível e cruel.

Fora explorada e muitas vezes não tinha certeza daquilo que

fazia e daquilo que de fato deveria fazer, pois agia sob ordens e pancadas.

"Por onde andará esta mulher?!" – indaga-se.

Teme reencontrá-la. Minerva carrega o estranho poder de enfraquecê-la à sua aproximação. Ao vê-la, estremece e entra em pânico, ainda que noutro tempo e em outras circunstâncias... Condicionamento deplorável!...

(Ela ignora que Minerva já adentrou o mundo espiritual e provavelmente já se viu frente a frente com sua consciência culpada.)

"Um dia, eu me livrarei de você, Minerva, para sempre!..." – pensa, enquanto outro pensamento faz um contraponto, apontando-lhe que se ainda não se entenderam, terão de se reencontrar, muitas outras vezes. Sabe, embora desejasse esquecer, que se esta lhe fez tanto mal, e com tanta fúria, provavelmente tinha fortes ligações com ela.

O que lhe dá esta certeza? Não sabe. São verdades sopradas ao seu ouvido e sentidas em sua alma.

Voltando o pensamento para Theobaldo, novamente ela reflete:

"Se eu sei quem ele é e o que fará, caso eu permita, o que devo fazer, se este amor jamais me deixou, apesar de tudo?"

Prudence vem encontrá-la, assim, sentada no jardim a cismar. Um livro aberto nas mãos e o olhar distante...

– Filha, o que tem? Voltou tão triste! Mais que isso, voltou muito contrariada! Pode me dizer o que houve? Podemos conversar?

Suspirando, ela discorda:

– Não, desculpe-me!

– Conhecendo-a um pouco como já conheço, e recordando as reações de sua mãe, posso avaliar que o coração está comprometido!

– Sim, você está certa... E falando nisso, Prudence, tenho uma grande curiosidade quanto ao meu pai. Quem é ele? Você, ama e confidente de minha mãe, deve tê-lo conhecido!

Prudence estremece.

– E então, Prudence, o que me diz?

– Nada, filha! Sua mãe me fez jurar que eu jamais contaria a ninguém. Afinal, ele foi um 'ilustre' desconhecido e grande irresponsável! Assim como fazem tantos outros, desapareceu sem deixar rastros!

Prudence beija-a e se distancia, dando a conversa por terminada.

Isolda passeia pelas aleias do jardim, respirando o ar balsâmico das plantas e das flores, pensando, pensando...

Seu cãozinho a segue, saltitante.

Busca inútil

Sob o impacto do desaparecimento de Norberto e também de Brunilda, filha do barão Odorico, de Lúcia e do cocheiro Percival, de Wladimir Vladosk e mais recentemente dos pais de Lúcia: o barão Harald e sua mulher Bertha, os comentários aumentam na proporção da curiosidade e das mais diferentes suposições, que por sua vez se somam às informações sobre outros desaparecidos. Ainda que estes não sejam muito conhecidos da maioria, fazem parte obviamente das estatísticas dos 'misteriosamente desaparecidos' de Florença.

Alguns, conscientes da realidade política e social, além da religiosa que sufoca, inegavelmente suspeitam que eles estejam presos em alguma masmorra ou que já tenham sido mortos.

Quanto ao desaparecimento de Brunilda, a ama, nem um pouco discreta, aventou a hipótese de que a moça pudesse ter um namorado. Isto bastou para outras especulações, uma vez que a filha do barão já era oficialmente noiva de um amigo de seu pai.

Os murmúrios estenderam-se não apenas pelos diferentes departamentos de Florença, mas também por cidades vizinhas. Afinal, os protagonistas são importantes demais para passarem despercebidos.

Aqueles que admiravam e queriam bem a Wladimir e Norberto lamentaram sinceramente a ausência de dois profissionais tão competentes e úteis, que enfrentavam bravamente as dificuldades pelo bem da verdade.

Aqueles, principalmente, que se beneficiavam da bondade e dos préstimos de pai e filho, nas suas causas legais por eles defendidas e ganhas com empenho, respeito e bonomia, sabem agora que ficaram à mercê da sorte.

À distância, Wladimir e Norberto, conscientes dessa dura realidade e consequência, entrega-os aos céus, que acima de qualquer outra vontade lhes permitirão aquilo que fizerem por merecer, ainda que através de inúmeros percalços, pois a tirania do regime, a falta de educação, de instrução e de orientação adequadas responde quase sempre pela miséria reinante entre os menos aquinhoados.

Confiam porque sabem que o mundo pertence aos filhos de Deus e onde estes estiverem, receberão sempre o seu quinhão de misericórdia.

Aristófanes registra diariamente informações completamente desencontradas a respeito dos 'fugitivos', como ele denomina a família de Wladimir.

Enfurecido, blasfema. Seus arquiinimigos, além de lhe roubarem a chance de vingar-se (de quê, Aristófanes?...), levaram com eles o seu 'pote de ouro'. Não duvida que Brunilda esteja com eles.

Tomou algumas providências injustas (ele mesmo reconhece), referentes aos seus inimigos que permaneceram em Florença a desafiar-lhe a autoridade. Criminoso empedernido, não teve dificuldade para penalizá-los cruelmente.

Sem problemas de consciência, Aristófanes faz a parte que lhe cabe e depois de cada vitória sobre os inimigos da sua santa madre Igreja e do Estado, concomitantemente, comemora e ganha mais créditos e louvores, esmerando-se cada vez mais para satisfazer a maioria, que depende da sua atuação para 'dormir em paz' e preservar o poder que possui.

Ufana-se, garboso, de ocupar um posto de tal relevância e brilho! Não saberia jamais viver de outro modo. Precisa renovar cada vez mais os elogios e as comendas que recebe, além, naturalmente, do régio pagamento ao qual 'faz jus'.

Nesse instante, ele analisa os últimos acontecimentos:

"Logo depois dos contratempos causados por dom Anastácio e ao retomar as minhas normais atividades, surpreendo-me com estes abomináveis revezes! Todavia, que me aguardem todos aqueles que pensam escapar! Eu os encontrarei, mais cedo ou mais tarde, estejam onde estiverem, pois este mundo ficou pequeno demais para todos nós!"

Se para ele o prometido é o cumprido, intensifica alucinadamente a busca, não apenas em Florença, mas nos lugares mais distantes.

Entretanto, exausto e enlouquecido de ódio, vê os dias e os meses se escoarem monótonos, sem uma pista sequer.

Possesso, vocifera:

– Parece que o chão os tragou!

Apertando os olhos que brilham de ódio, ele conclui acertadamente:

– Algo me diz que aquela beleza feita de ouro está com aquele causídico empertigado e arrogante! Além de fugir, eles levaram o meu maior sonho de ser feliz e aumentar o meu poder! Que onde estiverem sejam alcançados por minhas pragas e maldições, enquanto prelibo a ventura de tê-los em minhas mãos, mais depressa do que eles imaginam!

Elevando a voz, punho fechado e ameaçador, ele promete:

– Ainda nos defrontaremos, 'paladinos da lei'! – ele cospe de lado, extremamente revoltado. – E quando isso se der, pedirão ao diabo que os leve para escapar da minha sanha!

Sorri sombrio, cofia a barba bem tratada e cicia:

– Quanto àquela beleza loura e preciosa, ela não perde por esperar! Mulher orgulhosa e ingrata! Rejeitou-me abertamente! A moça tem topete!...

Sorrindo sinistro, ele acrescenta, olhar sonhador e cúpido:

– Eu aprecio a ousadia numa mulher como aquela! Ora se não! Quero essa deusa germânica para mim! Ela dará brilho e cor à minha vida exaustiva e sem alegria, e descansará com os seus carinhos a minha mente atormentada, enquanto adoça o meu coração!

Sarcástico, sussurra:

– Se é que eu tenho coração!...

Em seguida, volta a fechar o semblante e exclama:

– Hei de procurá-la incansavelmente, e ainda que ela esteja no inferno, eu a tirarei de lá! E ai daqueles que atravessarem o meu caminho!... O próprio demônio não se atreverá a se interpor!

Há muito percebera, extremamente revoltado, os olhares trocados entre Brunilda e Norberto.

Nenhum dos dois, porém, suspeitou de sua observação.

Prosseguindo em sua revolta, finaliza:

– Patifes!... Não perdem por esperar!...

Ruminando o seu ódio, Aristófanes recrudesce a aversão espontânea que sente pelos dois.

Desde que os viu pela primeira vez, odiou-os instantaneamente.

Já se arrependeu um sem-número de vezes de tê-los tirado daquela enrascada armada por Diógenes.

"Hoje eles não mais existiriam!... – pensa. – Que grande ventura para minha alma, inimiga ferrenha deles! Ah! Se eu pudesse voltar no tempo! Aquele filho de Wladimir não teria se tornado este causídico abominável que nos atormenta tanto quanto seu pai, que por sua vez já teria há muito voltado ao pó! Mas quando vi o meu desafeto ali, caído na calçada, tentativa patética de rival, o ódio por ele foi maior e mais urgente! Perdi desastradamente a chance maravilhosa de tirá-los de vez do meu caminho!... Caso isso tivesse se concretizado, possivelmente eu já estaria casado com a bela Brunilda!

Aquele pretenso noivo, que até agora se arroga de seu dono, sequer imagina aquilo que o aguarda mais à frente... Ninguém jamais fica no meu caminho...

Enfim, agora é tarde e preciso encontrá-los!"

O RECOMEÇO

MUITO DISTANTE DALI, Wladimir e Norberto travam afetuoso diálogo:

– Meu filho, ao receber a suposta missiva de Ivo de Santorini, logo compreendi que era sua, dizendo-me onde estava e dando-me notícias.

Você pode imaginar o quanto sofri, filho, ignorando o seu paradeiro e suspeitando aterrorizado que algo de ruim pudesse ter-lhe acontecido?

– Sim. Também sofri muito. Uma circunstância porém urgente, como já sabe, havia me levado a fugir sem planos e sem destino para salvar as nossas vidas e livrar Brunilda de um desastrado casamento, decidido arbitrariamente por seu pai, o barão.

– Ao sair de Florença, Norberto, confesso que lamentei profundamente deixar aquela cidade tão promissora e tão querida do meu coração!

– Compreendo-o, meu pai, e me harmonizo plenamente com os seus sentimentos.

Levantando a cabeça, porém, Wladimir conclui muito animado:

– Enfim, aqui estamos nós, juntos e unidos, para uma nova fase de vida, que será sem dúvida semelhante à outra que acabamos de deixar, pois somos os mesmos onde quer que possamos ir!

Abraçando-o, Norberto declara vaidoso:

– Esse é o meu pai! Filósofo incurável, metafísico, doutor em leis e humanista! O quanto o admiro! Pobre humanidade, submetida a tantos poderes podres e enferrujados que se impõem, ceifando vidas e emperrando o carro do progresso, enquanto mantém as suas instituições anacrônicas e cruéis! Os bons exemplos e a educação baseada na ética serão a pedra filosofal de todos os tempos e de toda a alquimia! Somente assim teremos esperança de futuros grandiosos e cada vez mais elevados!

– Ora, ora, o filho que me rotula de filósofo, além de sê-lo igualmente, exibe um poder de educar admirável! Por que não se dedica a esse mister? Enquanto cuidamos da nova vida, exercendo o comércio que sempre caracterizou a nossa família, precisamos de outras funções, de acordo com as nossa reais formações acadêmicas.

Muito sensibilizado, Norberto comenta:

– Mais uma vez, o senhor meu pai lê em minha alma como num livro aberto! A esse respeito já tomei algumas providências. Serei professor de justiça legal. Estou aguardando apenas a confirmação dos órgãos aos quais me ofereci.

– Parabenizo-o! Também você em tudo que faz direciona suas atividades morais e intelectuais para o bem e a para a verdade.

– Isso eu aprendi desde o berço! Tive sempre ótimos exemplos!

Ambos sorriem e se abraçam, enquanto se dirigem ao interior da casa.

Do país radioso que é a Itália, Wladimir partiu para o berço da cultura, a luminosa Grécia, onde reencontrou o filho e Brunilda, na ilha de Santorini, e no endereço da família do saudoso amigo Ivo.

Sem demora, fizeram outras viagens, a fim de colocarem entre eles e os seus perseguidores uma distância razoável.

A perseguição se processa, não apenas pelos tentáculos poderosos do Santo Ofício, mas também por dois inimigos ferrenhos e altamente interessados: o barão Odorico Von Braun, que jamais se conformará por ter perdido a filha para seus inimigos, e o obsessivo e enigmático Aristófanes.

Abdicando da antiga aparência e da elegante moda florentina, pai e filho, assim como Brunilda, estão praticamente irreconhecíveis.

Onde quer que cheguem, o cabedal de conhecimentos e a competência inegáveis abrem-se-lhes todas as portas.

Numa nova realidade de vida e distante do 'seu lugar', por força das circunstâncias, Wladimir faz um comentário:

– Sem intenções, retomei a vida itinerante dos meus antepassados ciganos!

– Vocês descendem de ciganos? – indaga-lhe Brunilda, que acaba de chegar.

– Sim, filha, e com muita honra! Somos originários da antiga e misteriosa Romênia. Outros parentes mais distantes eram da Bulgária e outros ainda da Prússia. Acredito que herdei desse passado mais facilidade para compreender outras culturas e diferentes *modus vivendi*.

– A vida dos ciganos me fascina! – ela declara entusiasmada.

– Muitos de nós devem ter passado por essas experiências culturais. Admiro neles os dons para a música, a dança e a adivinhação. Eu, todavia, prefiro o que seja mais permanente! Convivo melhor com a certeza do presente e do futuro planejado, o que não quer dizer que eu não me desse bem nessa forma de vida! Afinal, somos feitos da mesma argila, maleável e passível de inúmeras adaptações! – declara Norberto.

– Nessa forma de vida, fico a imaginar quanto aprendizado e quanta beleza a usufruir, sem esquecer naturalmente os percalços de cada existência e os choques das paixões, tão comuns nesses povos! Eles precisam enfrentar literalmente e quase sempre grandes tempestades: do clima ou das suas próprias organizações! – reflete Brunilda.

– Enfrentando as tempestades da vida, nós nos fortalecemos! – afirma Wladimir.

– Sim! Ao longo dos milênios, o homem aprendeu a se defender e a elaborar, passo a passo, sua sobrevivência e seu bem-estar! – acrescenta Brunilda.

– Desde o início de nossa existência, que se perde na memória dos tempos, o homem enfrenta a sua tragédia e a sua glória para sobreviver, agindo quase sempre em defesa daquilo que julga possuir, embora precise deixar inúmeras vezes para outros, que momentaneamente são os 'vencedores'. Assim, ele aprendeu a se defender e a caçar, para alimentar-se e abrigar-se das intempéries.

Conhecemos bem essa história, mas raramente pensamos nela, como se já tivéssemos encontrado no planeta tudo que nele existe e os avanços que as inteligências foram inventando aqui e ali.

As paixões, por sua vez, foram sendo transformadas com o tempo, mas ainda nos dominam e, de acordo com os diversos níveis de entendimento, nos submetem ou nos servem como alavanca para o crescimento intelectual e moral.

Os ciganos e outros povos, ainda remanescentes, quase puros, nas diferentes tribos, fortes e determinados, nas suas ações e vontade, ainda estão banhados em ações dramáticas e impositivas. Conhecemos histórias de amor, de ódio, de vingança e de morte, frente às rivalidades e hierarquias, ciganas ou tribais, quase sempre, incontroláveis.

Norberto faz uma pequena pausa e conclui:

– Enfim, tirando os excessos de todas as culturas, inclusive da nossa, quanta beleza este mundo comporta! Nós, estetas por opção, sentimos no âmago da alma uma admiração ímpar por toda a forma de beleza e de harmonia!

– Eu aprecio as roupas dos ciganos, os seus enfeites, a força e a vibração apaixonada que imprimem em tudo que fazem, a alegria dos seus acampamentos, suas músicas vibrantes, as danças fascinantes e seus instrumentos musicais. Enfim, a realidade deste povo me fascina e me faz sonhar de olhos abertos! – Brunilda explode esfuziante.

Encantado, Norberto sorri:

– Ora, ora, meu pai! Esta deusa germânica está a desafiar-me! Como competir com tanta riqueza e encantamento culturais? Os ciganos encontraram em você uma defensora e uma aliada, minha querida!

Desconcertada, ela quase se desculpa:

– Não se impressione, Norberto, eu sou assim mesmo! Extremada nos meus sentimentos e reverente à realidade humana, naquilo que ela tem de melhor! Tudo o que representa força e grandiosidade me atraem e me fascinam! Não aprecio sentimentos mornos e sem cor! Somos isso ou aquilo, queremos ou não queremos, amamos ou não amamos! Certamente é justo e necessário, uma vigilância muito grande para não nos excedermos e para saber onde se encontram os limites saudáveis, afinal somos seres racionais e cada vez mais capazes; o que indica que a responsabilidade de tudo que fazemos está na medida do conhecimento de causa. Creio firmemente que poucos neste mundo que já alcançou algum progresso podem dizer com honestidade que 'não sabiam' quando agiram errado...

Brunilda faz uma pausa, entristecida, recordando que seu pai está arrolado nesta máxima, de maneira trágica e imperdoável...

Norberto alcançou-lhe as reflexões íntimas e abraçou-a solícito. Está deslumbrado pelas belas cores que alcançam essa mulher, quando das suas patentes defesas:

– Conheço, minha querida, a força que carrega nas veias e o poder de exaltação e impetuosidade da sua raça que traz em si muitas virtudes, mas também as suas idiossincrasias que se refletem, ostensivamente, nestes ou naqueles caracteres, de acordo com os níveis de consciência já alcançados.

Seja onde for, tenhamos as origens e os antepassados que tivermos, seremos sempre os únicos responsáveis por nós mesmos e pelos nossos atos, diante de Deus, do mundo, e do nosso próximo. Enfim, nada nem ninguém nos servirá como recurso de defesa ou como desculpa para erros, sejam estes quais forem!

Conhecedora que é dessa verdade, compreendo que teme pelas consequências que alcançarão seu pai desde agora como efeito das suas ações! Descanse o seu coraçãozinho, entregando-o aos céus!

– Eu já faço isso, Norberto... O temperamento de meu pai revela tal força de destruição, tão intempestiva quanto incontrolável. Ele próprio se assemelha a terrível tempestade telúrica! ...

– Não fique assim, Brunilda, um dia seu pai aprenderá, ainda que seja através dos sofrimentos!

– Ele e todos aqueles que agem da mesma maneira! – ela confirma.

Voltando-se para o pai que ouve respeitoso, Norberto esclarece:

– Apesar de deixar tudo para trás, o que jamais será fácil para quem quer que seja, Brunilda livrou-se da prisão e dos tormentos que seu pai lhe infligia. Imagine que ele lhe batia cruelmente, chegando a feri-la muitas vezes. Dessas ocasiões, ela tem algumas cicatrizes.

– Conhecemos muito bem esses descalabros, não é? No fórum, quantas vezes nos deparamos com fatos como esses! Lamentável constatar que a lei aprova e fortalece tais comportamentos, o que torna difícil defender esses filhos tão infelizes. _ confirma Wladimir.

Brunilda levanta altiva a cabeça e confessa:

– Deploro deveras o jeito de ser de meu pai, afinal devíamos nos amar, mas ele jamais conquistou-me, apesar do meu esforço, que aos poucos foi perdendo a razão de existir. Órfã de mãe desde cedo, ainda me lembro saudosa da sua doce presença em minha vida!

Mas, apesar de tudo aquilo que vivi, principalmente depois dela, como não recordar a minha vida de antes, se ela teve, sem dúvida, os seus encantos? Em todas as fases fui feliz o quanto pude. Sempre extraí o melhor de tudo! Os recursos sempre me permitiram viajar muito, conhecer outros países e outros povos. A arte e a cultura sempre estiveram ao meu alcance. Assim, me ilustrei o quanto quis, sem embargos de espécie alguma, pois meu pai, orgulhoso da filha, me incentivava e me premiava com as oportunidades mais extraordinárias... Esse mérito ele tem.

Wladimir conclui:

– Acima de quaisquer diferenças, somos todos criaturas semelhantes e com os mesmos destinos sobre a face deste pequenino planeta. Nessa caminhada evolutiva, estamos a caminho da ansiada perfeição. Os diversos níveis de aprendizado se formam aqui e ali. Os alunos que se esforçam chegam mais cedo à felicidade, enquanto outros se arrastam penosamente, invigilantes, revoltados e preguiçosos. Todavia, de nenhum o Criador se esquece e todos chegarão lá, mais dia menos dia, pois a caminhada é feita de milênios que se desdobram pelo infinito. É da nossa condição humana sermos perfeitos um dia. Para isso, estamos aqui e peregrinamos por este pequenino mundo que faz parte de um complexo de outros maiores e melhores, sob o cumprimento das leis naturais.

Brunilda pensa nos seus inimigos que certamente não arrefeceram os ânimos na intenção de descobrir-lhes o paradeiro.

Wladimir observou-lhe o alheamento:

– Entristeceu-se, filha?

– Sim, me perdoem! Não consigo esquecer que temos perseguidores ferrenhos ao nosso encalço! Se nos descobrirem, essa alegria pode terminar de uma hora para outra! Não sou ingrata nem insensível. Sei que os céus a ninguém desampara, principalmente aqueles que se submetem às suas leis, mas sou humana e imperfeita demais para ignorar a maldade que nos cerca e que mais cedo do que podemos supor pode nos alcançar com consequências desastrosas, que abortarão pela raiz as nossas saudáveis pretensões de felicidade! Temo, principalmente, que a vida nos separe, Norberto! Se isso se der, juro, não suportarei!

A cada nova palavra ou expressão, Brunilda entrega-se à tristeza de imaginar-se novamente sob a crueldade de seu pai, e Norberto e seu nobre genitor acusados de qualquer coisa que as cabeças dos perseguidores sabem tão bem engendrar.

Aos poucos, ela principia a chorar, aconchegando-se a Norberto.

Este, apertando-a de encontro ao coração, e embora sabendo que aquilo que enche os seus pensamentos de incertezas pode de fato acontecer a qualquer momento, sugere, amoroso e confiante:

– Não sofra por antecipação! Vivamos bem este novo tempo que nos abençoa com tantas alegrias e benfazejas promessas, minha querida! Quando o futuro chegar com as suas naturais imposições, nos adequaremos a ele, contando, acima de tudo, com a clemência de Deus, que tudo sabe e tudo provê! Lembre-se do sucesso da nossa fuga inesperada e de como através dela as nossas vidas se resolveram satisfatoriamente! Acalme-se e aproveite a felicidade por estarmos juntos!

Ainda chorando, ela aprova-lhe as palavras sábias e providenciais, balançando afirmativamente a bela cabeça dourada.

Pai e filho aguardam-lhe o reequilíbrio, enquanto refletem igualmente, sobre as próprias vidas.

Como ignorar a realidade, por vezes brutal do mundo, e a invigilância e a crueldade dos homens? Seriam avestruzes a esconder a cabeça na areia, na ilusão de que os seus perseguidores não conseguiriam vê-los.

Todavia, não são nem tolos nem aves, e fazendo bom uso da razão sabem o que esperar, ainda que aparentemente não mereçam. Os méritos e os deméritos são conhecidos apenas por Deus, que através de suas leis permite a cada um o retorno das benesses pelo bem e pelo amor vivenciado, ou a luta para o necessário aprendizado, lições às quais cada qual faz jus, ao longo das múltiplas jornadas evolutivas.

– Haja o que houver, Brunilda, continuaremos juntos, pois nossas almas são inseparáveis! De qualquer modo, prosseguiremos nos amando, ainda que não nos vejamos mais! – Norberto conclui.

Empertigando-se, Brunilda sai dos braços do marido, posta-se altiva diante deles e numa voz forte e melodiosa exclama:

– Paz seja convosco! Tende calma e atentai para a verdade de que uma fé vacilante assemelha-se a nenhuma fé! Que sejamos dignos de tudo que recebemos das mãos generosas de Deus! Saibam, para o repouso dos vossos corações, que "o que está feito, está feito" e que a divina providência os manterá não apenas distanciados dos perigos de antes, como, cobrindo-os com véus poderosos e invisíveis, manterá a vossa liberdade! Prossigam firmes nos bons propósitos de sempre, onde quer que seja, e que jamais percam a fé nem a alegria que deve banhar sempre o coração do cristão!

Sigam em frente, e jamais regressem ao antigo ninho!

A vida espera muito de todos e de cada qual, pois "muito será pedido àquele que muito se deu!"!

Paz para os vossos corações, agora e sempre!

Brunilda se cala, estremece, vacila sobre os próprios pés, e amparada pelo marido senta-se numa cadeira.

Norberto aguarda-lhe o refazimento e Wladimir, que chora,

agradece submisso, do mais profundo d'alma, aos poderes celestiais que estão sempre a postos para auxiliar e socorrer os filhos de Deus, das formas mais imprevisíveis.

Ele se senta e enxuga as lágrimas, enquanto se refaz da grande emoção que o invade.

Deixando Brunilda, que já se encontra bem e refeita do esforço, Norberto abraça o pai, incapaz de falar o que quer que seja. A emoção que o invade não é menor...

Brunilda admira-os e se emociona igualmente, pois apesar de não recordar as palavras que disse, sabe que mais uma vez as forças celestiais usaram os seus dons para o bem.

Refeitos todos, Norberto declara:

– Eu me esqueci de lhe dizer, meu pai, que nossa querida Brunilda carrega as mesmas 'esquisitices' de Panderva, o nosso oráculo!

Sorrindo, satisfeito e comovido, Wladimir exclama:

– Louvado seja Deus! Um dia, esses dons serão não apenas pesquisados e respeitados, mas também muito bem direcionados! Oh, homens, quando aprendereis a escolher apenas o bem, em qualquer parte e em qualquer homem?

Em seguida, lhes diz carinhoso:

– Convido-os a passarmos ao nosso recinto de oração doméstico e ali agradecermos as graças incomparáveis que hoje recebemos por mercê de Deus!

Alegres e abraçados, os três se dirigem ao oratório, e enquanto caminham, intrigada e algo incomodada, Brunilda se dirige discretamente ao marido:

– Depois eu quero saber quem é Panderva! Um antigo amor, Norberto? – ciumenta e de olhar penetrante, ela estuda as expressões do marido.

Norberto explode numa sonora gargalhada desconcertando-a:

– Sim, certamente, um amor!

Os olhos de Brunilda fuzilam.

Ele se diverte com isso, enquanto declara:

– Um amor fraternal, minha querida! Panderva foi uma protegida de meu pai! Hoje ela está com a sua família! Depois nós lhe contaremos, prometo!

Rindo constrangida, ela pede carinhosa e já arrependida dos próprios rompantes:

– Desculpe-me, mas as emoções me envolvem fortemente e às vezes tomam a frente da desejável razão! Principalmente quando se trata de você...

Ambos sorriem e dirigem-se à oração de agradecimento...

*

ALMAS COMO ESTAS, que já compreenderam a verdade e que a seguem, fazem a saudável diferença nesse embate de forças que mundos como o nosso enfrentam.

Caminheiros das brilhantes estrelas, em diferentes níveis de evolução, buscamos, cada qual à sua maneira, e de acordo com o seu ângulo de visão, trazer o reino dos céus para dentro de nós, na aspiração máxima das nossas almas, que apesar de pisar em terreno material, sonha com espaços etéreos onde mora a grandiosidade divina!

Sagrada e humana dicotomia: os céus estão fora e dentro de nós!

*

DEPOIS DAS EMOÇÕES e das orações, Wladimir permaneceu nos seus aposentos reflexivo, enquanto Norberto arrastou carinhosamente Brunilda consigo.

– Seu pai é uma pessoa admirável, meu amor! E quanta sabedoria! – ela exclama, reverente.

– Sim! Me orgulho disso!

– Vocês dois são tão parecidos!...

– Grato pelo elogio! Meu pai tem sido meu grande exemplo de vida! Ao nascer, as boas fadas me entregaram alguns presentes divinos: os primeiros foram dois espíritos elevados e amorosos que recebi como pais, e depois, quando encontrei não ao acaso a mulher da minha vida, que nascida para mim, morava noutro lugar, enquanto me aguardava para me fazer feliz!

Rindo, Brunilda se diverte:

– Não esqueça que no instante dos presentes, maus-gênios também compareceram intrusos em sua festa, e lhe presentearam com inimigos ferozes!

Rindo igualmente, ele conclui:

– Ante a filosofia de vida que recebi desde o berço, estes são os nossos melhores mestres! Com eles, aprendemos de qualquer modo e em qualquer tempo! Eles são como uma fatalidade neste mundo, afinal, quase sempre representam as nossas dívidas de passado!

– Sábio como o pai! Espero que os nossos filhos herdem esta inteligência e elevação de pensamentos!

– Que caracterizam igualmente a futura progenitora deles, além de uma beleza incomparável que também tem o seu valor, principalmente na Terra!

Apaixonados, beijam-se e trocam carícias, arrebatados.

Em seu gabinete, Wladimir dá vazão às suas inspirações e escreve, ininterruptamente, extraindo da sua própria essência as joias rutilantes de sabedoria que passa para o papel, alheio à realidade que o cerca.

Humilde por natureza, considera esses apontamentos exercícios de aprendizado metafísico.

Há poucos instantes, sua querida nora, que enriqueceu muito mais a sua vida e trouxe a ansiada felicidade ao seu filho, fora mensageira amorosa de tranquilizadoras premonições.

Seguirão as suas vidas como desejarem, adequando-as sempre à providência divina, que lhes concederá sabiamente tudo aquilo que precisam e não apenas aquilo que almejam.

Afeito desde sempre a cumprir as suas obrigações, enquanto vive e exercita a vida naquilo que ela possui de mais excelente, seguirá assim, até quando Deus permitir.

Quando deixar o mundo, espera despedir-se em paz e momentaneamente do filho e de sua família ainda por se fazer, na certeza de novos reencontros para retomarem o amor que os caracteriza e fortalece nas diferentes jornadas, onde quer que seja.

As suas conquistas morais e afetivas estarão sempre guardadas e preservadas como joias identificadoras, a fim de se reconhecerem em qualquer parte do Universo, amalgamando e ao mesmo tempo libertando as suas almas, venturosos e fraternos.

Assim devem viver os filhos de Deus, Criador, incriado, neste incomensurável Universo!

A GRANDE REVOLTA DE THEOBALDO

EM FLORENÇA, NOSSA antiga rainha, atenta ao amor de Theobaldo (seu Genebaldo de ontem), decide não resistir mais e fazer uma nova tentativa.

Ele tanto fez e tantas vezes aproximou-se dela, homem inteligente e experimentado na vida, que acabou por vencer-lhe as últimas resistências.

Pensando na inexorabilidade do tempo e ansiando pela vida, naquilo que considera sagrado, ou seja, formar uma família e tentar ser feliz, ela aceitou o seu pedido de casamento, sem enganar-se, contudo, quanto ao caráter e a leviandade daquele que, apesar de tudo, continua sendo o seu grande amor.

Em sua alma sofrida desde cedo, tendo enfrentado os grandes desafios que trouxera, conclui que deve se esforçar numa nova experiência, dando-se uma chance de reajuste.

Assim, entre altos e baixos, dúvidas e esperanças, Isolda aceita e assume o período de noivado.

A muito custo conseguiu o aval de seu avô, pois este já teve com Genebaldo várias altercações.

Fernando, apesar do seu aparente consentimento, está decidido a afastar de vez o pretendente de Isolda, o qual rotula de 'desgraçado', tanto quanto aquele que fez infeliz a sua amada Carlota. Assim, mergulha em cismas e conflitos, tornando-se arredio e silencioso.

Vê-lo pelos corredores, inquieto, durante as horas que deveriam ser dedicadas ao repouso físico e mental, em misteriosos solilóquios, tornou-se muito comum.

Já alertou um sem-número de vezes a querida neta, mas esta, independente por natureza, ignora-lhe as admoestações porque se encontra completamente envolvida pelo fascínio do rapaz.

Sem reagir contra o avô, Isolda mantém os seus planos de casar-se com o noivo. Não ignora o abismo para o qual pode estar caminhando.

Profundamente abatido, física e espiritualmente, Fernando exibe um estado mórbido e muito preocupante.

Surpreendendo-o a caminhar, inquieto pelo jardim, Isolda decide falar-lhe mais uma vez:

– Meu querido avô, sente-se aqui comigo neste banco! Por que se atormenta tanto?

Ele se senta, respira ruidoso, e exibe o seu desequilíbrio:

– Por que me indaga aquilo que já sabe?

– Eu tinha esperança de que o senhor se acalmasse com o tempo!

– Acalmar-me? Você não sabe o que me pede! Como posso vê-la caminhar para a desgraça e nada fazer?

– O fato de saber que eu amo Theobaldo não lhe diz nada?

– Certamente diz! E isso é o que mais me atormenta! Como alguém poderia ser feliz com um homem como ele?!

– Se eu não acreditasse nisso, não teria aceito o seu pedido de casamento!

– Pobre filha... Está cega!... – ele balbucia, fazendo a neta entristecer-se.

Fernando levanta-se agitado e retruca:

– Você jamais será feliz com Theobaldo!

– O que lhe dá tanta certeza?

– Saber como ele é e como ele age! Perto de você ele faz o papel de bom moço, enganando-a!

– Meu avô, o senhor não acredita que eu possa transformá-lo?

Quase em desespero, Fernando toma-lhe as mãos, olha bem

dentro dos seus olhos e lamenta:

– Pobre querida... Quanta ingenuidade! Quem lhe disse que ele permitirá? Com ele, sua vida será um inferno!

Isolda levanta-se magoada e pede:

– Não diga isso, peço-lhe! Não aumente mais os meus tormentos!...

"Ela também imagina aquilo que irá enfrentar... Então, por quê?..." – ele pensa, enquanto a neta já está à beira das lágrimas.

Já arrependido de haver falado demais, ele a abraça e roga:

– Perdoe-me! Esqueça tudo que eu lhe disse! Não me leve tão a sério, peço-lhe!

Beija-a e se vai, rapidamente.

Intimamente, já se decidiu. Enfrentará céus e terra, mas Isolda não se casará com Theobaldo.

Os sofrimentos amorosos da filha já lhe bastaram e sua amada neta já sofreu demais para uma única vida.

Prudence se aproxima e consola Isolda, enquanto avisa:

– Filha, seu avô é uma pessoa muito misteriosa e fará aquilo que deseja, a despeito de qualquer outra vontade!

– Por que me diz isso, Prudence?

– Não posso lhe explicar, perdoe-me! – assim dizendo, ela se afasta rapidamente.

Em silêncio, Isolda confirma, mais uma vez, que esta família que hoje também é sua é muito misteriosa e deve esconder muitos segredos... Teme pelo avô, teme por Theobaldo... O que virá?!...

No dia seguinte, Fernando convoca, urgente, o rapaz para uma conversa a sós e distante dali.

Profundamente contrariado, ele consente, mas chega prevenido e carrancudo:

– O que deseja de mim, senhor conde?

– Ambos sabemos o que desejo! Não se faça de tolo! Nos conhecemos demais para isso! Deixe minha neta em paz!

Atrevido e debochado, Theobaldo enfrenta-o:

– Ora, ora, eu sirvo de companheiro de farras, mas não presto para ser seu parente! É isso? Desde quando, transformou-se num ridículo moralista?

Fernando torna-se violáceo, tal a sua ira. Em silêncio, continua a fitá-lo, aguardando-lhe uma resposta.

– Não, jamais me afastarei dela! Acredite se quiser, eu amo, de verdade, a sua neta!

– E desde quando você aprendeu a amar? O seu caminho é feito de irresponsabilidade e desamor! Saiba que não permitirei, jamais, que faça minha neta infeliz!

– Eu prometo fazê-la feliz!

Numa estranha gargalhada, Fernando lhe responde irônico:

– E o que mais você promete? Ser bom, amigo, respeitoso, carinhoso, companheiro?! Ora, não me faça rir!

– Prometo tudo que você quiser, desde que permita o nosso casamento! Afinal, eu e Isolda somos adultos e não dependemos da sua aprovação!

– De que aprovação fala? Esquece que a lei me dá direitos inalienáveis sobre minha neta? Ela depende, sim, do meu consentimento!

Cada vez mais exaltado, Theobaldo explode:

– Ora, homem, não consegue ver que ela também me ama? Por que impedir que sejamos felizes?

– É por este amor e esta pretensão que você prossegue em suas noitadas e bebedeiras, dia após dia, nos lugares mais sórdidos da cidade?

Apanhado de surpresa, Theobaldo informa-o esperançoso:

– Quando nos casarmos, deixarei esta vida boêmia, afinal você sabe muito bem que todo homem tem as suas necessidades mais urgentes!

Fitando-o com um ódio tão grande, que não deixa dúvida alguma, quanto ao que está pensando, Fernando observa-o silencioso.

Theobaldo enfrenta o seu olhar e indaga impaciente:

– Muito bem! O que pretende? Desafiar-me para um duelo? Seria muito divertido abatê-lo, sem esforço algum, como se corta um galho seco! Desista! Nada nem ninguém me impedirá de me casar com Isolda!

Fernando decide, então:

"Jogarei a minha última cartada, e que Isolda me perdoe, pois sei que não deveria fazê-lo!"...

Sem desviar os olhos do seu opositor, ele ordena peremptório:

– Sente-se e acomode-se!

– Para quê? Já dissemos tudo que tínhamos para dizer!

– Engana-se! Ouça-me e não me interrompa! Vou lhe falar a respeito da vida de Panderva!

Debochado, Theobaldo comenta:

– Ora, ora, o senhor conde está se tornando senil! Quem é Panderva e por que ela me interessaria?

– Garanto-lhe que a conhece bem e me entenderá logo. Por isso, cale-se e abra muito bem os seus ouvidos!

Fernando passa a narrar tudo e principalmente o fato de que, ao encontrá-la, como Theobaldo gosta de narrar, ela era ainda uma moradora das ruas, sem recurso algum, portanto desprezada por ele e pela nobreza de modo geral.

Theobaldo, ao poucos, compreende e sofre um impacto difícil de mensurar.

Seus pensamentos retornam àquele dia e recorda que, de fato, ela estava a pé e sozinha!

Volta à loja e aos dois encontros primeiros, para entender o seu jeito desafiador ao conversar com ele, assim como a sua bonomia e intimidade com a criada... Compreendeu, furioso, as suas tiradas irônicas e as suas risadas debochadas...

"O quanto ela deve ter-se divertido à minha custa!...

Mas, apesar de tudo, posso sentir-lhe a afeição sincera e o interesse... Seus olhos não me enganam... Ela me ama... Por que, então, não me contou tudo, como faz agora o conde Fernando? Temia, certamente, que eu a rechaçasse!"

Se não estivesse sentado, teria de fazê-lo...

O conde conhece-o bastante bem e sabe do seu inquebrantável orgulho.

Raciocina rápido e retruca:

– Contudo, meu caro conde, se alguém aqui é digno de uma justa reprimenda é o senhor, que ignorava até mesmo a existência desta neta!

– Aquilo que eu fiz ou faço não lhe diz respeito!

– Diz, quando me atinge desta maneira! Quer dizer então que

nossa condessinha Isolda já perambulou pelas ruas de Florença e... Sabe-se lá com quem, não é? Com efeito! Um passado como este e ela pretende fazer parte da nobreza!

O conde cerra os punhos e controla-se bravamente para não avançar contra ele, pois seria inútil, além de perigoso. Theobaldo já tem vários crimes nas costas e todos 'legais'...

Apenas balbucia, em fúria:

– Minha neta é pura como um anjo, apesar de tudo que viveu! Aprendeu como ninguém a viver e a sobreviver!

– É isto que me assusta! O que ela teria feito para sobreviver? E mais, caro senhor conde: será ela mesmo sua neta? Como pode ter certeza? Como vê, nem mesmo a sua linhagem pode ser comprovada!

Apesar de toda fúria, o conde Fernando percebe que o atingiu no alvo. Aquele homem jamais abrirá mão do seu orgulho e da sua vaidade. Conta com isso.

Theobaldo passa do extremo palor à vermelhidão mais intensa.

Ao término daquele encontro, está chumbado ao chão e incapaz de pronunciar-se.

Tão desatinado se encontra que sequer viu quando, sorrindo sinistro, o avô de Isolda afastou-se sem olhar para trás.

A caminho, Fernando tem plena consciência daquilo que fez. Expôs a vida de sua neta, e perigosamente.

Contudo rejubila-se, pois, ao usar a última chance, viu Theobaldo percorrer todos os degraus da perplexidade e da decepção, desiludindo-o de vez.

Ao chegar em casa, depara-se com a neta.

Surpresa com o seu estado de excitação nervosa, Isolda indaga-lhe:

– O que houve, meu avô?

Abraçando-a comovido, ele responde:

– Fui apenas caminhar para espairecer!

O coração da moça lhe diz que ele deve ter feito muito mais...

Encaminhando-se para a entrada da mansão, estanca, vira-se para a neta e declara:

– Você não conhece de verdade o seu 'noivo'!

– Talvez conheça, meu avô...

– Impossível! Se conhecesse, fugiria dele como de uma doença contagiosa!

Muito pesarosa, ela conclui que a sua tentativa de ser feliz provavelmente está sendo abortada...

Enquanto o avô se dirige à entrada da casa, ela permanece sentada, sem saber o que fazer.

Assim Forbes vem encontrá-la. Senta-se ao seu lado, abraça-a carinhosamente e lhe sussurra palavras de carinho.

Abraçadas, as duas permanecem, enquanto Isolda chora livremente até desabafar.

Poucos dias depois, Felizardo adoeceu e, apesar dos cuidados e tratamentos, acabou por expirar nos braços de sua dona, olhando-a ainda, até que sua visão embaçada revelou que ele já não fazia mais parte do mundo.

Sua matéria atingira o seu ponto máximo, o qual ele trouxera para viver e manifestar-se.

Isolda pranteou-o como faria diante da perda de um bom e querido amigo. Este animalzinho fora, durante longos anos, o seu melhor companheiro, o mais presente, o mais fiel.

*

ESTES NOSSOS IRMÃOZINHOS, que existem e contribuem para a melhoria da própria vida, são parte da criação divina, que tem igualmente objetivo, quanto às suas existências neste e em outros mundos.

Um dia, eles serão melhor compreendidos, respeitados e amados, quando a razão do homem iluminar-se para entender que tudo que existe no mundo é parte da criação, que deve e precisa ser respeitada e preservada, dentro das nossas possibilidades, para o equilíbrio físico e espiritual do mundo e do Universo.

Bravo! Bravíssimo! Para estes seres que contribuem para o progresso do ser humano, amando-os e secundando-os nas suas diferenciadas atividades.

Não poucas vezes, em mundos imperfeitos como o nosso, o

'bruto', ainda refém dos próprios instintos, comporta-se melhor e com mais nobreza que certos homens que, de humanos, parecem ter apenas a aparência.

Deus nos criou simples e ignorantes e nestes mesmos degraus, já estivemos muitas vezes!

Tudo evolui. Nada se faz de improviso.

Criados um dia para atingirmos a perfeição, trilhamos as veredas de progresso e de libertação.

*

ENTRANDO EM CASA, como um touro bravio e incontrolável, Theobaldo, furioso por ter-se enganado, sequer reflete quanto aos sentimentos que nutre, ainda que seja à sua revelia, por Isolda...

Caminhando, inquieto, e com sede de vingança, ele pensa, trama e aprimora intenções naquilo de pior que sua alma negra consegue engendrar.

Mateus já fora escorraçado, assim como outros, ao tentar servi-lo, como fazem, habitualmente. Alguns levaram socos e pontapés, sem explicação alguma.

Assim, Theobaldo passou horas, ruminando sozinho e sombrio, a sua revolta e a decisão de algo fazer a respeito...

"Ah! O quanto você deve ter se divertido à minha custa, mulher pérfida! Uma perdida! É isso que você é! Uma mulher de passado duvidoso, que nenhum homem desejaria para esposa! Hoje posa de nobre, exibe traquejo e *finesse* em sociedade! Oh, quanto engano! Quanta falsidade! Se o conde não me revelasse esse passado, eu cairia como um pato na esparrela dessa mulher desavergonhada! Me aguarde, sua idiota! Farei de você um reles trapo, no qual eu limparei as minhas botas! Eu alcançarei você, de uma maneira ou de outra! Não abrirei mão de tê-la para mim, contudo, em outras circunstâncias! Ora, ora, você conhecerá, enfim, o verdadeiro conde Theobaldo de Vila D'Oro e se arrependerá, a cada novo dia, o ter-me enganado como fez! Arrepender-se-á amargamente, por um dia ter atravessado o meu caminho! Ora se não!..."

Mateus traz o coração em suspenso; seu patrão revela uma fúria que promete grandes tempestades e nelas todos estarão arrolados, de qualquer modo e da pior maneira! Theobaldo não poupa nada nem ninguém e passa por cima de qualquer coisa! Para ele nada é sagrado!

Gostaria de saber por onde anda seu bom amigo Cirineu...

Depois que ele desapareceu, sentiu-se mais sozinho...

O tempo já o alcança, inexorável, e suas forças lhe faltam quando menos espera...

Será deixado de lado brevemente, quando não mais servir, ou será atirado nas ruas, sem piedade... Isso acontece todos os dias com aqueles que como ele nada possuem de seu, nem parentes...

Ele passa noites chorando e lamentando a própria vida.

Enquanto isso, Theobaldo planeja um jeito de ter Isolda em seu poder. Fará isso da forma mais misteriosa possível. Ninguém suspeitará dele ou de alguém a seu serviço...

"Não contratarei ninguém... É mais seguro. Enfrentar o conde Fernando não é coisa que se deseje. Esse homem ama a neta até a veneração e se tornará furioso, caso suspeite de mim..."

Após muitas noites, insone, ele se decide por uma ação arriscada.

"Ora, não será a primeira vez que me aventuro nessas peripécias, dignas de um homem de verdade! Será muito bom tê-la aos meus pés, como amante, dócil e prisioneira da minha vontade! Ninguém jamais a verá, pois tenho 'régias acomodações' para ela, velada aos olhos de qualquer um! Nós seremos um casal, ora se seremos! À minha maneira, naturalmente!..."

Em meio a estrondosas gargalhadas, ele planeja uma empreitada conhecida apenas dele mesmo.

Assim, decide e se veste de negro, roupas justas e capuz sobre a cabeça. Cordas à cintura e a vontade férrea de raptar Isolda, durante a noite, e em silêncio. Para tanto, leva um frasco de narcótico para deixá-la fora de ação antes de carregá-la.

Madrugada alta, um silêncio sepulcral, ele esgueira-se, rente às paredes da mansão e galga os muros, sorrateiro.

Abate, violento, dois sentinelas, vence as primeiras barreiras e avança em direção ao seu desiderato, orientando-se pelos espaços vizinhos aos quartos de Isolda e das suas acompanhantes habituais, Forbes e Prudence.

Ele ignora, porém, e não deveria fazê-lo, conhecendo bem o antigo parceiro. Conde Fernando, já esperando represálias de sua parte, vigia, atento e acompanhado do seu fiel criado Heráclito, homem truculento e afeito às guerras.

Encoberto pela sombra de alguns arbustos, Fernando vigia os aposentos da neta.

Subitamente, divisa um vulto, que reconhece de pronto e aponta a Heráclito, indicando-lhe o que fazer.

Muito intrigado, o criado revela ter reconhecido Theobaldo, mas Fernando indica-lhe que deve prosseguir na ação e faz um gesto ordenando-lhe que o mate.

Heráclito sai como uma serpente silenciosa, escorrega até próximo a Theobaldo, sem sequer ser pressentido, e à pouca distância, atira-lhe, certeiro, uma adaga afiada, não dando tempo a que ele emitisse um grito sequer.

Theobaldo resvala, bate em algumas paredes e desaba no chão fazendo um baque surdo.

Ágil, como um felino, Heráclito apanha o corpo esbelto e alto do rapaz e carrega-o portão afora.

Numa carroça, leva-o para fora da cidade e muito distante desfaz-se do corpo, só retornando na tarde do dia seguinte, cansado e de feições sombrias.

Chegando, dá contas ao patrão daquilo que fez e segue para os seus aposentos.

Mateus, que registrou a ausência de Theobaldo, avisou a família que procurou-o, incansável, por toda Florença, sem contudo encontrá-lo.

O conde Theobaldo de Vila D´Oro passou a ser mais um dos desaparecidos, aumentando a carga de medo e de mistério...

Quando gente simples desaparece, ninguém sequer nota ou comenta, mas quando várias personalidades proeminentes começam a desaparecer sem deixar rastros, o ato desperta muita curiosidade.

As especulações crescem a cada novo dia, na medida dos fatos ocorridos e diminui entre um desaparecimento e outro. Afinal, cada qual tem seus próprios interesses.

No coração de Isolda, uma grande decepção.

Ao saber do desaparecimento do noivo, suspeitou do avô e entristeceu-se...

Pranteou Theobaldo e guardou-o no coração, rezando por sua alma, pois não consegue imaginá-lo vivo.

O que pensaria seu amigo, gentil-homem, se soubesse do ocorrido? Mas, nem mesmo ele poderá ajudá-la, distante como está, e quem sabe como...

Constatando, desolado, a tristeza da neta, que amarga solitária a saudade do noivo, Fernando abate-se cada vez mais e longe está daquele homem forte e disposto, que um dia procurou-a incansável para consolar a filha querida.

Um mês depois, numa tarde nublada e triste, Isolda enterrou, entre grossas e desconsoladas lágrimas, aquele que lhe dera, enfim, um nome e uma família de verdade.

Depois da perda do avô, ela caiu seriamente doente e debateu-se febril entre a vida e a morte.

Forbes e Prudence somaram esforços para resgatá-la para a vida.

Enfim, após algum tempo, Isolda superou as dificuldades físicas e espirituais e sobreviveu.

Encomendou, saudosa, uma pequena estátua de Felizardo e colocou-a no jardim, bem à entrada, no meio de um belo canteiro de minúsculas e brancas flores.

Quando a tristeza a domina em excesso, senta-se ao lado de 'Felizardo' e recorda muita coisa...

Neste instante, Prudence e Forbes a surpreendem assim distanciada da realidade, olhando para o céu azul e coalhado de nuvens muito brancas.

– Filha! – Forbes se adianta. – O que faz aí tão sozinha?

Sentam-se, ambas, uma de cada lado, e fazem entender que têm alguma intenção.

– Filha, as coisas mais difíceis de sua vida já se foram, graças aos céus, e você precisa olhar para este novo tempo! – declara, amorosa, Prudence.

– Nós duas estivemos conversando a respeito de sua vida, minha querida – aduz Forbes.

– Ah, sim? E o que 'decidiram' desta vez, hein? – ela indaga tentando brincar sem contudo conseguir.

Forbes prossegue, ampliando as ideias, que segundo ela, pertencem as duas:

– Nós pensamos que a vida é feita de dias ruins e dias bons; de tempos de dor e tempos de alegria. Portanto, você precisa pensar em si mesma, depois de tantos anos de lutas e dificuldades!

– E o que vocês sugerem?

– Veja bem, filha! Você é linda como uma rosa em botão! Se não deu certo com aquele que você queria, outro poderá fazê-la feliz! Existem homens bons, creia, que têm ótimas intenções! Afinal, a vida passa e dentro de algum tempo, você estará mais velha e menos animada com a vida e o futuro que ainda pode vir a ter!

Rindo, Isolda quer saber:

– Qual das duas já se casou e tem experiências nesse setor?

Ambas se olham e Forbes responde, sisuda e objetiva, como sempre:

– Isolda, não é preciso, muitas vezes, ter passado pelas mesmas experiências para sabermos o resultado delas, pois o mundo está aí nos ensinando a cada esquina!

Isolda concorda:

– Tem razão... Mas aqueles que viveram ou que ainda vivem como eu vivi, sabem o quanto o mundo pode ser cruel e injusto, quando topamos com pessoas más!... Mas, reconheço que nem tudo aprendi por mim mesma! O meu oásis, vocês sabem, encontrei no lar do saudoso gentil-homem! Que ele seja mil vezes bendito e protegido por onde quer que vá! Ele e seu filho, Norberto!

Esta alusão aos dois fez Forbes emocionar-se, indagando:

– Onde e como estarão os dois?!... Quantas saudades!

– E certamente eles também as terão de nós!

– Sim, é verdade...

Dando um beijo em cada uma, Isolda se distancia.

Uma estranha ansiedade se instala no seu coração e decide rever mais uma vez o 'seu lugar'...

Veste-se com simplicidade e sai nessa intenção, lamentando muito a falta do seu companheirinho de sempre...

Vence boa parte do percurso na carruagem acompanhada de Forbes e Prudence. Ao se aproximar do local, desce, pede-lhes que aguardem ali mesmo e se afasta.

Sobe e desce ladeiras, entra por vielas e becos que parecem um labirinto e depois de algum tempo, enfim, ela chega.

Caminha, devagar, observando tudo, sendo por sua vez observada.

Segue ignorando os olhares, recordando vários sucessos de sua vidinha, ali, quando sofria os revezes criados e mantidos por Minerva na sua habitual crueldade.

Alcançando, enfim, o seu pequeno esconderijo, numa reentrância natural e algo disfarçada por velhas paredes destruídas, ela se surpreende com um cãozinho recém-nascido a tremer de frio e fome, abandonado.

Olha ao redor e não vê ninguém. Conclui, sabiamente, que ele fora deixado ali de propósito.

Segura as saias volumosas, inclina-se e apanha o bichinho. Aperta-o de encontro ao peito para aquecê-lo e exclama carinhosa:

– Venha, meu amiguinho!

Abraçada a ele, ela sai e se dirige à carruagem, quando um belo homem intercepta-lhe o caminho, sorrindo, muito galante:

– Bons dias, bela senhorita! Que sorte tem este cãozinho! Estar assim em seu colo! Ele é mesmo um felizardo!

Assim dizendo, ele faz uma reverência muito elegante e sorri, exibindo dentes perfeitos como pérolas escolhidas.

Já de chapéu na mão, ele se aproxima da carruagem, na qual ela ensaia embarcar e lhe pede:

– Podeis me dar algum ponto de referência que me permita, depois, revê-la? Anseio por isso!

Prudence sorri à expectativa de vê-la consentir na proximidade de tão belo e simpático rapaz.

Sempre sorridente, ele acrescenta:

– Quanto mais não seja, bela senhorita, eu posso cuidar deste animalzinho, caso precise! Sou especializado em veterinária!

Silenciosa, mas simpática ao interesse dele, Isolda responde:

– Deixe-me o senhor o seu endereço e se for necessário irei procurá-lo!

Presto, ele lhe entrega um cartãozinho de letras bem legíveis, que tira do bolso do seu elegante casaco.

Inclinando-se ao entregá-lo, ele sussurra:

– Jamais desejei tanto cuidar de um cachorrinho!...

Rindo, ela indaga curiosa:

– Então deseja que ele, pobrezinho, adoeça?

– Certamente não! Mas, sabemos que um filhote exige cuidados especiais!

– Está bem, brevemente eu irei procurá-lo!

Aassim dizendo, ela já está ao lado de Forbes, que dirige um sorriso amável ao rapaz e lhe diz, sem palavras, que ele pode contar com a sua ajuda.

Entendido, ele faz-lhe uma reverência agradecida e afasta-se, enquanto o cocheiro toca o veículo, ficando ali a observar até quando o mesmo desaparece na esquina próxima.

Sonhador, ele suspira, olhos brilhantes, e a dizer de si para si:

– Onde você esteve todo este tempo? Vou conquistá-la, prometo a mim mesmo! Você é tudo que sempre desejei!...

Enquanto isso, Isolda, que também gostou muito dele, pergunta a Forbes, algo sonhadora:

– Você reparou, Forbes, como ele se parece com Theobaldo?

Sim, ela reparou, mas não gosta do assunto e responde:

– Não, minha querida, eu não acho! Se assim fosse, eu teria antipatizado com ele! – ela completa, observando as reações da moça que parece iluminada.

Há muito não vê em seu rosto tal alegria.

"Enfim, esse encontro promete! E no que depender de mim, este animalzinho vai precisar, logo, logo, de alguém muito bonito e competente!..."

Sorri e recosta-se para aproveitar a viagem de volta.

Isolda adentra a casa com o seu tesouro aconchegado ao peito, aquecendo-o amorosamente.

Enquanto caminha, conclui feliz:

– Ah, os caminhos da vida! Sem saber, fui buscar o meu novo Felizardo!

Forbes, que está logo atrás, acrescenta:

– Você foi buscar, minha querida, não apenas o cãozinho, mas um pretendente e dos bons!

– Você anda depressa, hein, Forbes? – ela indaga divertida.

Forbes abraça Prudence e declara:

– Veja, Isolda, olhe para nós duas! O que vê?

– Ora, duas pessoas muito queridas!

– Não, não apenas isso, mas duas pessoas muito sozinhas, e que se não tivéssemos encontrado você, mais solitárias nós seríamos! Quer ficar assim? Acha que vale a pena, minha filha?

Aquecendo o animalzinho, Isolda estanca e responde:

– Eu sei o que você quer dizer, Forbes, e concordo com você, acredite. Mas vamos aguardar para ver aquilo que a vida tem para me oferecer!

– Cuidado, para não perder todas as chances, querida! Pense nos seus sonhos de mulher e não queira viver como nós e tantos outros que jamais realizaram os seus sonhos de amor! Você duvida que um dia nós também os tivemos?

– Não, minhas queridas, certamente não... Prometo pensar naquilo que diz, certo?

As duas se abraçam divertidas e comemoram a promessa de Isolda ensaiando passos de dança, fazendo a moça rir com vontade.

Há muito elas desistiram de disputar o amor de Isolda, uma vez que esta distingue as duas com a mesma atenção e o mesmo amor.

Isolda se afasta e vai atender, condignamente, ao seu 'novo Felizardo'.

A NÊMESIS

O VIOLENTO E ambicioso barão Odorico Von Braun, algum tempo depois do desaparecimento da filha, caiu vítima de um mal súbito, deixando o mundo e tudo que apreciava para adentrar o seu Walhalla, sem espada e sem honra...

Depois de seu sepultamento, seu pretenso genro, envergonhado ante à sociedade de Florença, fez as malas, preparou os baús e voltou cabisbaixo para a sua querida Westfália e também para a noiva: saudosa, fiel e quase esquecida por ele. Esta jamais saberá que durante algum tempo, nos delírios de seu amado, dividiu o lugar que lhe pertence com outra...

Mina, sozinha, em meio aos criados, teve de suportar os parentes e herdeiros que se apossaram de tudo que antes pertencera a Von Braun, amargando a saudade de sua querida Brunilda e de Percival, com quem sonhava de olhos abertos. Ainda suspira quando pensa nele...

Aristófanes, por sua vez, debateu-se insano contra todas as possibilidades frustradas e incompreensíveis para descobrir o paradeiro de Wladimir e de Norberto, assim como o da bela e desejada Brunilda.

Mais alguns anos, o seu desequilíbrio mental tornou-se patente e insuportável para aqueles que se lhe submetiam por hierarquia ou por conivência.

Internado num nosocômio que pertence a sua Igreja, entre urros e gritos convulsivos, atado a grossas correntes a tolherem braços e pernas, ele se defende de agressores que só ele pode ver.

Desprezado e esquecido, sofre fome, sede, e toda a forma de carências.

Alguns meses se passam, quando, num dia nublado e de nuvens ameaçadoras no céu, ele despertou, sem entender-se, perplexo com a própria situação que lhe parecia um pesadelo, ouvindo 'aquela voz', tão sua conhecida, a convidá-lo, 'muito amável':

– Venha, Aristófanes! Enfim, o dia de recepcioná-lo como você merece chegou!... Junto a nós você encontrará tudo aquilo que prodigalizou às suas vítimas! Venha!...

Um surdo gemido se fez na garganta de Aristófanes, abafando-lhe as últimas palavras ininteligíveis, na exibição tétrica de sua fácies de horror...

Uma enfermeira que se depara com a visão dantesca, persignando-se, várias vezes, clama aos céus:

– Que o Criador seja louvado! Somente Ele pode entender e socorrer almas como esta, tenebrosa e perdida, na vida e na morte!

Atrás de si, um piedoso sacerdote que tem o hábito de visitar os infelizes que terminam, ali, os seus dias, ratifica pleno de fé:

– Sim, filha! Apenas nosso Senhor, em sua infinita misericórdia, consegue alcançar e compreender estes seus filhos que sabendo do amor preferem o ódio, para trilharem os caminhos do mal!

Tomando as chaves do encarregado das correntes e dos cadeados, ele mesmo liberta aquele 'galho seco' que em vida já não lembra nem de longe um ser humano.

Providencia as orações de praxe e concede-lhe o santo Viático.

Em seguida, entrega-o àqueles que têm a incumbência de providenciar o sepultamento.

(Sem pompa alguma à qual Aristófanes estava tão habituado...)

O corpo é atirado como um fardo sobre uma carroça que já está impregnada do cheiro de morte, para seguir lúgubre o caminho da última morada. O local fica um pouco distante.

Enquanto as rodas do veículo rangem de forma sinistra, entre pragas imprudentes e as blasfêmias do seu condutor, seguindo a rota que lhes cabem, tem início uma série de raios e trovões ameaçadores.

Em poucos instantes, desaba uma furiosa tempestade.

Medindo a distância que o separa, ainda, do campo santo, o carroceiro para, pensa, e decide que não irá mais adiante...

Livrando-se do corpo de Aristófanes, desrespeitoso, empurra-o para fora do veículo.

Num baque surdo, o corpo cai à margem da estrada e ali permanece à disposição dos abutres, que depois do aguaceiro buscarão alimento.

Ao chegar, dirá que seu dever fora cumprido.

Por ironia do destino, no mesmo instante em Florença, tudo aquilo que um dia pertencera ao brilhante e poderoso Aristófanes, que tinha nas mãos o destino de tantos, e que os enviara à dor e ao desaire sem problema algum de consciência para usufruir de tudo que poderia lucrar no mundo que representava orgulhoso, está sendo 'medido, pesado e dividido' entre aqueles seus iguais, que pensam viver eternamente para gozar a vida material sem pensar no próprio Deus que dizem representar...

Epílogo

Assim como um rio caudaloso, a vida prossegue, ininterruptamente, aqui ou ali...

Os anos fizeram de Wladimir um venerável ancião, querido e admirado por todos.

Norberto, feliz e realizado como homem e cidadão, distingue a sua existência com aquilo que ela possui de melhor, ao lado da mulher amada e de seus dois filhos, inteligentes, bons e dignos herdeiros de todo amor que encontraram ao chegar.

Brunilda, venturosa como esposa e dedicada como mãe, mais bela se tornou na maturidade.

Nunca mais soube de seu pai. Recomenda-o confiante aos céus.

Em seu coração agradecido jamais esqueceu Lúcia e Percival. Espera que estejam bem.

Brunilda embala em seus braços um bebê rosado, que já carrega a grande responsabilidade de ter o mesmo nome do bisavô, Wladimir, que os deixou faz poucos anos, envolvido em muita paz.

Norberto e Brunilda entregam o menino à ama, após beijá-lo com muito amor, e abraçam-se fortemente:

– Quanta saudade, meu amor, de seu pai!

– Imagine o meu coração, Brunilda! Viver sem ele!

Muito emocionada, Brunilda chora e Norberto a beija em silêncio.

Não há mais o que dizer e muito para sentir...

A vida prosseguirá através deste que ora chega, para completar a riqueza e a felicidade que a vida na Terra pode proporcionar.

E nós, meus caríssimos leitores, indagaremos racional e amorosamente:

– Este pequenino está apenas chegando ou regressando aos braços dos seus amados?!

Chi lo sa?...

FIM

Esta edição foi impressa nas gráficas do Centro de Estudos Vida & Consciência Editora Ltda., de São Paulo, SP, sendo tiradas duas mil cópias, todas em formato fechado 140x210mm e com mancha de 104x175mm. Os papéis utilizados foram o Norbrite Book Cream (Norpac) 66,6g/m² para o miolo e o cartão StarLux C2S High Bulk (IP & Sun) 250g/m² para a capa. O texto foi composto em Goudy Old Style 11,5/13,7 e o título em Trajan 20/28. Eliana Haddad e Izabel Vitusso realizaram a preparação do texto. André Stenico elaborou a programação visual da capa e o projeto gráfico do miolo.

JUNHO DE 2015